Carolin Emcke

FÜR DEN ZWEIFEL

Gespräche mit Thomas Strässle

Kampa

Die Gespräche für das vorliegende Buch fanden an fünf aufeinander-
folgenden Nachmittagen Ende Juli 2021 in Berlin statt.

Für den Blick hinter die Verlagskulissen:
www.kampaverlag.ch/newsletter

Der Kampa Verlag wird in der Schweiz vom Bundesamt für Kultur
mit einem Strukturbeitrag für die Jahre 2021–2024 unterstützt.

INHALT

Erzählen trotz allem
Erstes Gespräch   7

Über Herkünfte und Traditionslinien
Zweites Gespräch   45

Über Musik und Begehren
Drittes Gespräch   81

Über Krankheit und Körper
Viertes Gespräch   111

Distribution des Wissens
Fünftes Gespräch   137

ERZÄHLEN TROTZ ALLEM

Erstes Gespräch

Ich möchte in unsere Gespräche einsteigen mit Ihrer Zeit als Kriegsreporterin. Sie sind viele Jahre durch Krisenregionen gereist, von Pakistan, Afghanistan, Irak über den Libanon und Gaza, über Rumänien und den Kosovo bis nach Nicaragua und Kolumbien. Und in einem Ihrer Bücher, *Weil es sagbar ist*, schreiben Sie, Sie hätten sich schon als Studentin der Diskursethik in Frankfurt für den Zusammenhang von Gewalt und Sprachlosigkeit interessiert. Wie kann ich mir den Schritt vorstellen von diesem akademischen Interesse zur Tätigkeit als Kriegsreporterin?

Ich habe mir nie vorgestellt, in Krisenregionen als Reporterin unterwegs zu sein. Es gab dafür keine Absicht, keinen Plan, sondern es ist entstanden. Aber die Fragen von Gewalt und Sprachlosigkeit, die für diese Reisen so prägend sein sollten, die waren vorher da. Das hatte mich schon lange existenziell berührt und dann auch theoretisch beschäftigt. Schon bei der ersten Lektüre der Überlebendenberichte von Primo Levi und Jean Améry war es dieser markante Unterschied zwischen beiden, der mir nachging: Auf der einen Seite Primo Levi, der sofort, schon auf der verschlungenen Rückkehr von Auschwitz nach Italien, begann, das Erzählen zu probieren. Das ist bemerkenswert, dass er, gerade dem absoluten Grauen entronnen, das Erlebte in Worte zu fassen versucht. Er testet dabei nicht nur, ob er selber fähig wäre zu beschreiben, was er durchlitten hat, sondern ob seine Gegenüber fähig wären zuzuhören, ob sie es ertragen, ob sie mehr wissen wollen. Und Levi veröffentlicht seine Erinnerungen an Auschwitz *Ist das ein Mensch?* gleich 1947. Und auf der anderen Seite Jean Améry, der zuerst still blieb, der nichts schreiben konnte oder wollte, zwanzig Jahre lang, und der dann erst 1966 *Jenseits von Schuld und Sühne* veröffentlichte. Mich hat gerade Jean Améry immer besonders berührt. Das hat mit diesem Schweigen zu tun. Und mit dem Zorn in den Texten, die er dann geschrieben hat. Es waren diese beiden, die Spannung zwischen ihnen, durch die die Frage des Erzählens aufgeworfen wurde.

Wie lautet diese Frage genau?

Dass es Erfahrungen geben kann, die sich nicht sofort beschreiben lassen, ja, dass es Erfahrungen gibt, die sich nicht einmal sofort verstehen lassen, weil sie uns überfordern, weil sie alles das außer Kraft setzen, was sonst gilt, weil sie alle Erwartungen an das, was Menschen einander antun können, übersteigen – das ist ungeheuerlich. Weil es letztlich bedeuten kann, dass Verbrechen nicht bezeugt werden können, dass die Erfahrungen von Folter, von physischer und psychischer Qual, von Erniedrigung und sexualisierter Gewalt nicht erzählt werden. Das ist natürlich genau die Absicht der Täter: alle Spuren ihrer Taten zu tilgen, die Opfer so zu versehren, dass sie nicht mehr Auskunft geben können über das, was ihnen angetan wurde. Das ist ultimative Vernichtung – und auch eine Gerechtigkeitsfrage.

Was bedeutete die Frage der Zeugenschaft für Sie in der philosophischen Tradition der Frankfurter Schule?

Als Studierende in Frankfurt, im Kontext Diskursethik, standen die Fragen des kommunikativen Handelns und der Verständigung im Zentrum des philosophischen Denkens. Die Möglichkeit, dass eine Erfahrung nicht erzählbar sein könnte oder nur anders, als normalerweise erwartet wird, ist in dieser Tradition eine Herausforderung. Denn hier wird angenommen, dass die eigene Perspektive, die eigenen Erfahrungen diskursiv eingebracht und verhandelt werden können. Und letztlich, dass sie auch verstehbar sind. Diese Bedingungen sind ausgesprochen voraussetzungsvoll, und es hat mich beschäftigt, ob die Ansprüche und die Erwartungen an die Diskursteilnehmenden nicht möglicherweise zu hoch sind. Was, wenn jemand nicht sprechen kann oder nicht das Vertrauen hat, dass das Gegenüber wirklich zuhören kann? Was, wenn jemand nur stotternd, nicht linear, nur in Bruchstücken erzählen kann? Was, wenn jemand nicht rational klingt? Das hat mich schon theoretisch ungeheuer umgetrieben. Und mit der ersten Reise in eine Krisenregion, 1999 nach Mazedonien und Albanien im Kosovo-Krieg, ist diese Frage dann in einer Weise relevant geworden, wie ich es natürlich vorher theoretisch nicht geahnt hatte. Sie bekam auf einmal eine ganz andere Wucht, eine ganz andere Schwerkraft.

Bleiben wir noch kurz beim philosophischen Interesse: Inwiefern war die Diskursethik eine Folie, durch die Sie Ihr Verständnis von Zeugenschaft ausgebildet haben?

Ist sie immer noch. Ich denke immer noch mit und in den Begriffen dieser Tradition. Zunächst einmal stand da die Frage, wie Menschen überhaupt so etwas einander antun können. Mich beschäftigten schon sehr früh die Mechanismen der Exklusion, die Frage nach der Methodik der Konstruktion als anders und dann eben als minderwertig. Die

Blickregime, mit denen ausgesondert und operationalisiert wird, haben mich, glaube ich, schon als Schülerin umgetrieben. Natürlich nicht in diesen Begriffen oder mit einem philosophischen Instrumentarium. Was für mich dann später mit dem theoretischen Wissen in der Praxis entscheidend war, ist Folgendes: Die Erwartungen an eine ungebrochene, rationale Erzählung von extremen Erfahrungen der Gewalt sind mitunter zu anspruchsvoll. Sie gehen an dem Kern solcher Erlebnisse vorbei, die eben vor allem eine Disruption mit allem zuvor Dagewesenen darstellen. Umgekehrt dürfen die Opfer von Gewalt auch nicht einfach pathologisiert werden, ihnen darf auch nicht einfach die Sprechfähigkeit abgesprochen werden. Das scheint mir bei Autoren wie Giorgio Agamben in *Was von Auschwitz bleibt* fatal.

Als studierter Jurist hat Agamben vielleicht auch einen ganz anderen Anspruch an das, was ein Zeuge ...

Ja, aber der Gestus bei Agamben ist ja einer, der das Ereignis und die Beschädigung und die Gewaltförmigkeit ernst nehmen will. Das ist zuerst einmal das, was ich mit ihm teile. Aber meiner Ansicht nach überhöht er dann die Versehrung so sehr, dass daraus etwas behauptet wird wie das Ereignis, das nicht beschreibbar ist, das Ereignis, das keinen Zeugen hat. Das halte ich für fatal. Es gab immer Zeug:innen. Und auch die noch so brutal gezeichneten Überlebenden haben später erzählt. Vom Ereignis, das nicht beschrieben werden kann, vom Ereignis ohne Zeug:innen zu sprechen negiert und entmündigt sie. Gewiss gab es Orte des Todes, die niemand überlebt hat, und in dem Sinne kann man sagen, es gab keine Innen-Zeug:innen, aber dann gab es Beobachter:innen von außen, es gibt *Bilder trotz allem*, wie Georges Didi-Huberman es genannt hat.

Und wie verorten Sie sich als Autorin demgegenüber?

Mein ganzes Schreiben aus diesen Gegenden, mein ganzes Schreiben über Gewalt entspringt der Überzeugung, dass alle Ereignisse beschreibbar sind, dass die Innen-Zeug:innen erzählen können, wenn man ihnen nur ernsthaft zuhört, und dass es auch verstehbar und erzählbar ist für mich, als Reporterin, als Autorin. Insofern bleibe ich da ganz in der habermasianischen Tradition. Worin ich mich absetze oder wo ich diese Linie gern weiterentwickeln wollte, ist die Frage, was alles als rationale, vernünftige Erzählung gilt. Diejenigen, die stottern oder aufschrecken, die Lücken haben und Pausen machen, die rückwärts erzählen oder ein traumatisches Erlebnis nur in Chiffren umkreisen können – sie liefern für mich durchaus angemessene Beschreibungen für ihre Erfahrung. Ich möchte sie nicht einfach pathologisiert sehen.

Sie hätten sich auch ein Leben lang aus akademisch-philosophischer Perspektive mit diesen Fragen beschäftigen können. Es ist etwas ganz anderes, eines Tages zu sagen: Nein, ich fahre da hin, ich will es mit eigenen Augen sehen.

So hat es nicht funktioniert. Ich habe im Studium immer schon nebenher journalistisch gearbeitet, erst Praktika, dann freie Mitarbeiterschaften. Und dadurch gab es immer die Unterbrechung des geschlossenen Raums der Universität. Es gab immer diese Sehnsucht nach Welthaltigkeit, nach Konfrontation mit anderen sozialen und kulturellen Kontexten. Und ich würde sagen, beide Modi des Seins, das Theoretische und das Praktische, waren schon da. Ich wollte als Typ immer draußen sein, unterwegs, im ungeschützten Raum. Die einzige vage Phantasie, die ich schon als Kind hatte für mich als Erwachsene, war, dass ich im Ausland sein würde. Der konkrete Schritt zum Reisen in die Krisenregionen erfolgte dann als Redakteurin beim *Spiegel* und war eher spontan.

Spontan?

Ja. Ich war eigentlich angestellt als Redakteurin im Deutschlandressort. Ich weiß noch, wie ich damals, 1999, in der Kosovo-Krise diese Bilder im Fernsehen sah. Ich weiß nicht, ob Sie sich daran erinnern, die Bilder von den kosovarischen Geflüchteten? Man sah Frauen mit Kindern im Arm und Babys im Arm und Menschen, die nur gerade ihre paar Habseligkeiten durch diese hügelige Landschaft trugen. Bei schlechtem Wetter. Das Bild hat sicherlich nicht nur bei mir, sondern auch bei vielen anderen ältere Bilder aufgerufen, historische Bilder. Ich glaube, da reagiert jede:r natürlich erst einmal als Person mit einem bestimmten historischen Bewusstsein, mit einem bestimmten inneren Bildarchiv, auch aus der Literatur, aus Texten. Als Journalistin war ich aber in der Lage, sagen zu können: »Ich melde mich, ich möchte von dort berichten.« Es meldeten sich nicht so viele, das muss man auch sagen.

Sie meldeten sich innerhalb des *Spiegels* bei der Auslandsredaktion.

Genau. Das war eine historische Krise, und sie fand in Europa statt. Und ich wollte sie begleiten. So bin ich dann mit einigen Kolleg:innen hingereist, komplett unvorbereitet auf das, was mich erwarten würde.

Was überraschend ist: Sie sind ja in erster Linie Autorin, eine Frau des Wortes. Und trotzdem waren es Bilder, die

Sie so getroffen haben, und nicht eine Reportage oder ein Artikel, also kein geschriebener Text. Sondern es waren Bilder, eigentlich eine Form von medialer Augenzeugenschaft.

Es ist nicht ein einzelnes Bild ohne Kontext. Es gab eine politische Vorgeschichte zum Kosovo-Konflikt. Es hatte den Bosnien-Krieg schon gegeben, die Blauhelmsoldaten hatten wenige Jahre zuvor das Massaker von Srebrenica zugelassen, es gab die ganze wechselvolle, verwickelte, schmerzensreiche Geschichte der gewaltförmigen Auseinandersetzungen in dieser Gegend. Es gab auch die Vorgeschichte der umstrittenen Verhandlungen von Rambouillet und schließlich dann den NATO-Einsatz. Insofern waren diese Bilder nur Verdichtungen einer steten Eskalation, einer sich akkumulierenden Gewaltförmigkeit. Aber sie haben getriggert, sie riefen andere Bilder und Erinnerungen wach.

Sie haben gesagt, Sie seien da völlig unvorbereitet hingegangen. Als jemand, der das nie gemacht hat, stelle ich mir vor, dass man recherchiert, dass man versucht, die Lage abzuklären, dass man mit Leuten spricht, die dort gewesen sind, bevor man zu einer solchen Reise aufbricht.

Ja. Anders als Korrespondent:innen vor Ort, die sich über Jahre Wissen und Kontakte haben aufbauen können, sind Reporter:innen, die in eine unbekannte Gegend reisen, immer im Nachteil. Da gilt es, so viel Material wie möglich zu fressen (*lacht*), also zu lesen, zu sortieren, historische und aktuelle Entwicklungen nachzuvollziehen. Andererseits muss man sagen: Nicht alle informierten Korrespondent:innen finden sich dann in einem brutalen, unübersichtlichen Krieg zurecht. Da braucht es noch andere

Eigenschaften oder Qualitäten. Aber dann stellen sich natürlich auch ganz praktische Fragen. Was steckt man ein? Was braucht man?

Woher weiß man das?

Gar nicht.

Aber irgendwann weiß man es.

Ja. Aber allein die technischen Bedingungen sind aus heutiger Perspektive kaum vorstellbar: 1999 mussten wir die Texte mit einem Satellitentelefon durchdiktieren an eine Sekretärin. Da gab es kein Netz, keine E-Mail. Man hoffte immer, dass gerade die richtige Sekretärin in der Redaktion in Hamburg Dienst hatte, Frau Hüttenberger, das war jemand, die sensationell Ruhe bewahrte und schnell schreiben konnte. Es waren damals auch mehrere Fotografen für den *Spiegel* im Kosovo unterwegs. Da musste im Wechsel immer einer zurückfliegen mit den Filmrollen. Allein ökologisch schon wahnwitzig. Aber ich meinte eigentlich mit Nicht-vorbereitet-Sein weniger die logistischen Fragen. Sondern wie man psychisch oder politisch nicht vorbereitet ist auf das, womit man konfrontiert wird. Gar nicht unbedingt die Gefahr. Die war hier weniger gegeben. Wir waren nicht im Kosovo während des Bombardements, sondern erst in Albanien. Aber das, womit man konfrontiert wird und was es so belastend macht, ist das Elend und die Verzweiflung. Als wir eintrafen in Kukes, im Norden Albaniens, waren kaum Hilfsorganisationen da. Die geflüchteten und vertriebenen Kosovo-Albaner hausten auf einer Wiese. Und wir haben privat bei Albanern gewohnt, die uns ihr Wohnzimmer und ihr Schlafzimmer freigeräumt haben und zu Verwandten gezogen sind. Letztlich war ich unvorbereitet in dem Sinne, dass ich nicht ahnen konnte, was für eine Zäsur das für mein Leben sein würde.

Worin bestand diese Zäsur?

Ich würde schon sagen, dass das eine Bruchstelle war. Danach war nichts mehr so wie vorher. Das Entsetzen darüber, was Menschen einander antun können, und die Herausforderung, ihnen gegenüber im Gespräch bestehen zu müssen. Es darf da nicht um ein rein instrumentelles Verhältnis gehen, in dem ich das Gegenüber nur als Quelle für Informationen wahrnehme. Sondern die Aufgabe besteht darin, respektvoll und aufmerksam mit einer Person umzugehen, die zuallererst ein Mensch ist. Oft sind das Gespräche mit Menschen, die über Jahre hinweg als Individuen negiert wurden, denen ihre Gleichwertigkeit abgesprochen wurde. Da geht es nicht um bloße Informationen, die berichtet werden und die es aufzunehmen gilt. Sondern da erzählt jemand, der es aberzogen werden sollte, sich als Mensch mit Rechten zu verstehen, da erzählt jemand, die vielleicht kaum glauben kann, dass es jemanden interessiert, da erzählt jemand von Verbrechen, die keine Spuren haben sollten und keine Erinnerung. In diesen Gesprächen werden auch Hoffnungen und Erwartungen in mich gelegt, das, was mir erzählt wird, auch anzuerkennen und zu bezeugen. Diese Gespräche muss man erst mal als Mensch bestehen – das ist die eigentliche Aufgabe, vor jedem Text, den man dann vielleicht schreibt.

Wie kommt man in solchen Situationen ins Gespräch? Ich stelle mir vor: Man kommt aus einer anderen Kultur. Man hat andere Referenzsysteme. Man hat andere Umgangsformen. Man spricht nicht dieselbe Sprache. Die Leute haben vielleicht jemanden wie Sie noch nie ge-

sehen. Und sie haben die schlimmsten Dinge erlebt. Wie geht man in ein solches Gespräch hinein?

Das Wichtigste ist: nicht die Erwartung zu haben, dass jemand mit mir, einer Fremden, reden müsste. Es braucht Respekt vor Menschen, die nicht mit einem reden wollen. Man muss ein Gespür dafür entwickeln, wer braucht seine Ruhe, wer möchte wirklich gar nicht. Und ehrlich gesagt ist das auch keine Magie. Ich finde, so ein Grundrepertoire an Höflichkeit hilft schon. Erst einmal Raum zu lassen, zu sehen, ob Vertrauen entsteht, und das heißt, zuerst einmal Gespräche zu führen, ohne sich schon Notizen zu machen. Dass ich mich vorstelle, mich hinsetze und man sich kennenlernt. Und so eine Situation entsteht, in der man dann irgendwann vielleicht fragt: »Dürfte ich mir Notizen machen? Wären Sie einverstanden damit, dass ich mir was aufschreibe?« Es gibt in einer solchen Begegnung eine ganze Abfolge an Schwellen. Da muss man sich immer wieder versichern, ob das Gegenüber einverstanden ist, was jemand preisgeben und notiert sehen möchte. Nicht zuletzt, ob jemand mir seinen Namen oder ihren Namen sagen möchte. Natürlich gibt es die Option, dass jemand sagt: »Bitte schreiben Sie das nicht auf!« Oder: »Bitte ohne Namen!« Oder, oder, oder. Und ich würde sagen, der Großteil der Gespräche, die ich in Krisenregionen geführt habe, wurde nie aufgeschrieben. Der Großteil der Gespräche sind eben Begegnungen, in denen man zuhört und etwas miteinander teilt.

Und die dann in anderer Form in die Texte einfließen?

Manchmal. Aber oft blieben sie einfach in mir. Es gibt einen unsichtbaren Teil von Erfahrungen, die aus unterschiedlichen Gründen nicht in Texte geflossen sind. Manches bleibt außen vor, weil man immer auswählen muss, was wichtig ist oder eindrücklich. Manches bleibt außen vor, weil eine Situation zu flüchtig war und sich nicht aufzeichnen ließ. Und vieles bleibt außen vor, weil es schambesetzt ist, weil es jemanden entblößen würde. Ich weiß, es gibt diese Vorstellung, da laufen grobe, quotengeile Medienfuzzis durch Krisenregionen und bedrängen Menschen mit einer Kamera. Das hat zumindest mit dem, was ich gemacht habe, nichts zu tun. Auch der Fotograf, mit dem ich in dieser Zeit immer gereist bin, Sebastian Bolesch, war sehr behutsam. Sehr oft aber bitten Menschen: »Schreibst du das auf?«

Warum wollen sie das? Sie haben diese Problematik ja am Beispiel von Anna Achmatowa ausführlich reflektiert, die in einem Gefängnis in Leningrad von einer Frau mit blauen Lippen gefragt wurde: »Und Sie können dies beschreiben?«

Viele Menschen, die jahrelang ausgeschlossen oder eingeschlossen waren, die in einem Kontext leben mussten, in dem sie unterdrückt und gequält wurden, kennen nur noch diesen Zustand der permanenten Leugnung ihrer Humanität. Sie haben erlebt, dass sie nichts zählen, dass nicht zählt, was sie empfinden, dass ihre Körper nicht zählen, dass ihre Sexualität nicht zählt, dass ihre Ansprüche auf Eigentum nicht zählen …

Das ist ja auch etwas, das sie selbst vermutlich kaum begreifen können …

Ja. Dass solche Verbrechen geschehen können, ist zuallererst ein kognitiver Schock. Auch das kann man bei Primo Levi lernen. In *Ist das ein Mensch?* beschreibt Levi, wie er bei seiner Ankunft in Auschwitz orientierungslos vor dieser menschenverachtenden Ordnung steht. Er kann es nicht begreifen. Es gibt diesen ungarischen Mithäftling, der schon länger im Lager lebt, ich glaube, der hieß Clausner, der ihm rät: »Du darfst nicht versuchen, es zu verstehen.« Dieser Schock entspricht dem, was ich auch aus Kontexten in Krisengebieten kenne: dass Menschen etwas erzählen wollen, von dem sie selber gar nicht glauben können, dass es ihnen widerfahren ist. Sie wollen ein Gegenüber, das ihnen bestätigt, dass unrecht ist, was dort als rechtens galt. Es bedeutet, dass sie als Subjekte anerkannt werden, als Menschen, deren Erfahrungen etwas zählen, als Menschen mit einem Namen.

Haben Sie auch mit Leuten geredet, von denen Sie wussten oder ahnten, das sind eigentlich Verbrecher?

Ja. Manchmal weiß man das. Manchmal lässt es sich nur vermuten. Ich habe mal eine lange Reportage geschrieben, abgedruckt in *Weil es sagbar ist*, über einen der amerikanischen Folterer von Abu Ghuraib, Ivan Frederick. Da wusste ich es, denn ihm wurde der Prozess gemacht. Auch der, also einer, der Gewalt ausgeübt, nicht erlitten hatte, wollte sprechen und gehört werden. Aber aus anderen Motiven heraus. Er wollte nicht als Einzeltäter gelten, sondern er wollte die Strukturen beschreiben, in denen die Misshandlung irakischer Gefangener befohlen worden war. Und das hat mich interessiert. Ich wollte die Ordnung rekonstruieren, in der Menschenrechte außer Kraft gesetzt waren, in der es nicht nur normal war, Gefangene zu demütigen und zu quälen, sondern erwünscht und gefordert. Was es politisch so brisant machte: Die Darstellung von Ivan Frederick widersprach der des damaligen Verteidigungsministers Donald Rumsfeld. Rumsfeld hatte zu leugnen versucht, dass es systematisch Folter als angeordnete Praxis der ›Informationsgewinnung‹ im Krieg gegen den Terror gegeben hatte. Die Gewalt in Abu Ghuraib sollte unbedingt nur als das Fehlverhalten einiger isolierter Soldaten banalisiert werden. Ivan Frederick sprach auch, weil er nicht verstand, warum er auf einmal als schlechter Soldat angeklagt wurde, da er doch nur Befehle befolgt hatte. Trotzdem bekannte er sich im Prozess später als Einziger schuldig. Er hatte erkannt, dass er moralisch falsch gehandelt hatte.

Wenn wir über Gespräche reden mit Menschen, deren Erfahrungen sich nur unter bestimmten Umständen überhaupt verbalisieren lassen, kommt mir eine Szene aus *Shoah* von Claude Lanzmann in den Sinn. Ich habe den Film zum ersten Mal in voller Länge gesehen, als ich in Cambridge studierte. Er wurde in einem kleinen Kino gezeigt, nicht sehr gut gefüllt, und Lanzmann selber war da. Die meiste Zeit saß er im Foyer, kam aber alle paar Stunden in den Saal, ging nach vorne und schritt dann ganz langsam die Reihen ab, um die Leute im Publikum einzeln zu betrachten, während sie den Film schauten. Es gibt darin eine Szene in einem Friseursalon in Tel Aviv, wo Claude Lanzmann Abraham Bomba befragt, der in Treblinka in einem Sonderkommando ankommenden Frauen den Kopf scheren musste, bevor sie vergast wurden. Er erzählt es Lanzmann, während er einem Kunden die Haare schneidet. Er spricht sehr gefasst, er spricht sogar außerordentlich gefasst, doch dann kommt er an einen Punkt, an dem er nicht mehr weitererzählen kann. Es ist der Moment, da er sich erinnert, wie ein Transport mit Leuten eintraf, die er kannte. Er versucht sich zu beherrschen, kann aber nicht fortfahren. Lanzmann sagt, mit ruhiger Stimme: »Go on, Abe. You must go.« Doch Bomba kann nicht. Lanzmann beharrt: »You have to.« Bomba schüttelt den Kopf und sagt dann: »I can't do it,

it's too horrible.« Lanzmann: »Please. We have to do it. You know it.« Bomba: »I won't be able to do it.« Lanzmann, immer noch mit ruhiger Stimme: »You have to do it. I know it's very hard. I know, and I apologize.« Als ich diese Szene sah, dachte ich unwillkürlich: Lass ihn! Bitte lass ihn! Es ist qualvoll. Doch schließlich fährt Bomba fort. Und nach der Episode hat man den Eindruck: Endlich konnte er es erzählen. – Finden Sie dieses Vorgehen legitim?

Mir steht es nicht zu, Claude Lanzmann zu kritisieren. Wenn Lanzmann sagt: »You have to«, dann spricht da jemand aus einer anderen Erfahrung heraus, als wenn ich als Nicht-Jüdin dasäße und sagte: »You have to.« Das Insistieren von Lanzmann, auch wenn es unangenehm wirkt und ich dazu nicht in der Lage gewesen wäre, entspringt einer anderen … Not. Wenn er sagt: »You have to«, klingt es nach einer Bitte. Wenn ich das sagte, würde es eher übergriffig klingen, es käme rücksichtslos daher. Wenn Lanzmann das sagt, ist es nicht: »Sie müssen das können«, sondern ich denke, es ist ein Appell an das, was sie gemeinsam haben als Aufgabe: »Wir haben die Pflicht, diese Geschichten zu erzählen.«

You have to do it, and we have to do it.

Genau. Und insofern ist das schon etwas anderes. Ich hoffe, ich bin nie übergriffig gewesen in meiner Arbeit. Aber natürlich kann niemand von sich wissen, ob nicht allein schon die eigene Präsenz das Gegenüber belastet. Und natürlich kann ich auch nicht sagen, wie oft es Menschen vielleicht nicht gut bekommen ist, mit mir zu sprechen. In der Situation hatte ich eher den Eindruck, dass es guttut. Und die Male, die ich wieder zurückkommen konnte an dieselben

Orte, an denen ich schon mal war, und dann auch die Menschen wiedergetroffen habe, bestätigte sich das auch. Aber ich will nicht so vermessen sein, ein Gefühl dafür zu haben *(zögert)* ...

Das wollte ich nicht unterstellen. Es hat mich einfach interessiert, was Sie zu der Szene bei Lanzmann denken, die mich selber so beschäftigt hat.

Ja, das ist auch eine wichtige Frage. Aber ich würde gerne zu Lanzmann noch etwas anderes sagen, nämlich dass Lanzmann in seinen Erinnerungen *Der patagonische Hase* beschreibt, dass er sich Videos von Hinrichtungen angeschaut hat. Ich bin nicht ganz sicher, mit welchen er begonnen hat. Lanzmann erzählt, dass er sich diese brutalen Filme, die terrorisieren wollen, angeschaut hat, weil er fand, er müsse sich dem aussetzen. Und da war er schon über achtzig. Ich habe das gelesen und gedacht: »Meine Güte, er hat recht!« Wenn man sich mit diesen Fragen von Gewalt und Terror beschäftigt, wenn man diese Ideologien und ihre Methoden verstehen und letztlich verhindern will, muss man sich dem auch aussetzen. Dann habe ich mir das vorgenommen und mir diese absolut schauerlichen Filme von Al-Qaida und dem IS angetan. Aber ich würde das niemandem empfehlen. Ich habe darüber Jahre später auch geschrieben, in der Dankesrede für den Merck-Preis der Deutschen Akademie für Sprache und Dichtung.

Was hat Sie daran so beeindruckt, dass Lanzmann sich das anschaut?

Dass er sich dem als älterer Herr noch aussetzt. Nach so einem Leben hätte er auch sagen können: Ich will mir das nicht mehr zumuten. Man könnte sagen: Ich muss mir diese

Videos nicht anschauen, um Kritik am IS oder an Al-Qaida zu üben. Es gibt gute Argumente, sich dem zu entziehen, gerade weil die Ästhetisierung dieser Hinrichtungen ein Instrument der Propaganda ist. Und natürlich sollen sie Angst und Schrecken verbreiten, eben das ist ja Terror. Die ersten Videos von Al-Qaida waren ungeheuer brutal und technisch dürftig. Schaut man sich spätere Videos vom IS an, wie das, in dem der Amerikaner James Foley ermordet wird, erkennt man schon, im Unterschied zu diesen ersten Al-Qaida-Filmen, eine perfide Form der Professionalisierung. Das ist technisch perfekt, mit einer eigenen Dramaturgie und Bildsprache. Die beherrschen alle popkulturellen Codes und Genres. Nicht, dass Sie mich falsch verstehen: Das sind absolut widerwärtige Dokumente, aber ich will die Kommunikationsform dieser Terrorgruppen verstehen. Ich will auch deren Anziehungskraft verstehen. Ich will verstehen, wie es sein kann, dass diese menschenverachtenden Gruppen Menschen für sich gewinnen. Da dachte ich: »Na gut, wenn der Lanzmann das kann …«

Und dann haben Sie sich diese Videos angeschaut. Was haben Sie daraus verstanden?

»Anschauen« klingt etwas leichter, als es war. Ich habe sie wieder und wieder angeschaut, vor und zurück, vor und zurück, ohne Ton (weil die Geräusche wirklich das Schlimmste sind, zumindest für mich), mit Ton, und noch mal, noch mal, noch mal. Man muss das Tempo rausnehmen, man muss sich Zeit lassen, um die Details zu erkennen, die Ränder, das, was der Absicht derer, die es herstellen, zuwiderläuft oder auch den offiziellen Deutungsmustern entgegensteht. Das gilt auch für andere Hinrichtungsvideos, die nicht von Al-Quaida oder vom IS stammen. Auch da interessiert mich, was den offiziellen Erklärungen widerspricht.

Bei der Hinrichtung von Saddam Hussein zum Beispiel, in einem seiner ehemaligen Folterzentren, ist bemerkenswert, wie schäbig sie war. Er war ja in einem ordentlichen Gerichtsverfahren verurteilt worden. Das war auch medial groß dokumentiert worden. Aber die Vollstreckung durch den Strick am Galgen, in einem düsteren Raum, überfüllt mit Menschen, die wie ein Mob darauf geifern, dass der verhasste Diktator verreckt, darüber wurde in seinen finsteren Details dann nicht mehr so ausführlich berichtet. Es sind wackelige Handyaufnahmen, auf denen die Blitzlichter anderer Zuschauer mit Handy ein Flackern erzeugen, man hört die zustimmenden Rufe, es ist von einer wirklich archaischen Widerlichkeit. Und ganz gleich, wie eindeutig ich Saddam Hussein für all seine Verbrechen verurteile, so verabscheue ich doch die Todesstrafe im Allgemeinen und so ein Hinrichtungsspektakel im Besonderen. Man sieht das und denkt: »Echt jetzt?« Da wurde ein Krieg geführt mit der Begründung der Befreiung von einem Diktator. Lassen wir mal die erfundenen Massenvernichtungswaffen weg. In der amerikanischen Erzählung gab es immer dieses Versprechen von Menschenrechten und Demokratie. Und dann wird da in irgend so einem dunklen Keller einer im Kreis einer hasserfüllten filmenden Menge aufgeknüpft. Das finde ich schon wichtig zu sehen, denn es ist etwas anderes, als nur zu lesen: »Saddam Hussein wurde zum Tode verurteilt.« Wenn ich eine sehr präzise Reportage darüber gelesen hätte, wäre die Wirkung vielleicht ähnlich gewesen.

Und die Propagandafilme?

Ich habe mir Propagandafilme des IS angeschaut, die zur Rekrutierung von Anhängern gedreht wurden. Das sind eher ›edle‹, technisch ultra-aufwendige Kriegsfilme, die den IS als großen Befreier darstellen. Sie propagieren eine

Erzählung, in der der IS als eine Bewegung inszeniert wird, die Sinn stiftet, die Stolz vermittelt. Diese Filme arbeiten mit ungeheurem Pathos, mit emotionalisierender Musik, da gibt es hollywoodhafte Momente. Nicht, dass ich mich daran ergötzte. Aber es ist wichtig, diese Gruppen auch als moderne, technikaffine Organisationen zu analysieren. Wenn Sie sich das IS-Video von der Hinrichtung von James Foley genau anschauen, fallen die durchstrukturierte Dramaturgie und die verschiedenen Kameraperspektiven auf. James Foley, der gezwungen wurde, einen vorgefertigten Text zu sprechen, in dem er seinen eigenen Bruder kritisiert, hatte ein Ansteckmikro am Overall. Ein Ansteckmikro. Im hiesigen öffentlichen Diskurs wurden die Terroristen des IS gern als »Barbaren« bezeichnet. Das geht an der Realität völlig vorbei. Das klingt dämonisch, aber es verkennt die modernen Methoden, die manipulative Demagogie, die professionelle Kommunikationsstrategie dieser Gruppen. Von »Barbaren« zu sprechen verharmlost die Gefahr, die von solchen Terrorgruppen ausgeht, eben weil sie nicht rückständig oder vormodern in ihren Mitteln und Instrumenten sind. Und übrigens, nebenbei bemerkt, hat mich bei der Rezeption von *Gegen den Hass* erstaunt, dass das Kapitel über den IS meist komplett ausgeblendet wurde. Es gibt auch ein Kapitel über Trans*Personen, das wurde ebenfalls ausgeblendet. Es wurde immer gesagt: »Ah ja, das ist ein Buch, das sich mit Rassismus und Rechtsradikalismus in Deutschland beschäftigt.« Das ist absurd. Es geht insgesamt um die Mechanismen der Konstruktion als Andere und um die Mechanismen der Exklusion. Es gibt darin auch ein Kapitel über weiße Polizeigewalt in den USA und den Mord an Eric Garner. Und es gibt eben auch ein Kapitel über den IS.

Wie erklären Sie sich diese Ausblendung?

Das weiß ich nicht. Aber für mich war enorm wichtig, dass es drin ist. Auch weil darin die Prozesse der Vergemeinschaftung behandelt werden, der Gruppenbildung, des Sich-selbst-Erhöhens über andere. Und natürlich die Blickregime, die die Anderen konstruieren als Objekt, als etwas, das man vernichten darf oder sogar muss. Rechtsradikale und Islamisten operieren da auch als mimetische Figuren. Ich erzähle das jetzt nur so ausführlich, um zu erklären, warum mich bei Lanzmann die Frage des Sich-Aussetzens so beeindruckt hat.

Wenn man sich in Krisengebieten bewegt, muss man ständig Risiken einschätzen. Kann ich das jetzt machen, kann ich das nicht? Kann ich da hinfahren, kann ich da nicht hinfahren? Wie lernt man das?

Dafür gibt es keine richtige Methode. Aber es half enorm, dass ich immer zu zweit gereist bin, nie alleine. Ich hatte immer Sebastian Bolesch dabei, mit dem ich mich in solchen Augenblicken auch immer verständigen konnte. Aber vor allem sind wir auch meist im Team gereist, mit einem lokalen Übersetzer oder einer Übersetzerin und einem Fahrer – die auch warnen oder zuraten konnten. Es ist ein dauerndes Sich-miteinander-Verständigen. Aber das bewahrt einen in einem Kriegsgebiet auch nicht davor, in Situationen zu geraten, die gefährlich sind. In diesen Gegenden ist alles unkalkulierbar. Wenn ich an diese Zeit zurückdenke, würde ich sagen, dass es Situationen gegeben hat, bei denen wir vorab abgewogen und alles überlegt haben, was man machen könnte oder welche Wege man nehmen könnte oder wie groß die Gefahren wären – und dann sind wir trotzdem mitten in die Scheiße geraten. Im Nachhinein sagst du dann: »Du lieber Himmel! Das hätte auch richtig, richtig, richtig …«

Sie dachten: »Jetzt ist es fertig.«

Ja. Aber komischerweise sind das andere Situationen, als man von außen vielleicht annimmt. Angst ist ja nicht rational. Sie kann ausbleiben, wo sie angebracht wäre, oder vorkommen, wo sie unbegründet ist. Wir sind mal in Kolumbien, in Medellín, in eine Straßenschlacht geraten, bei der das kolumbianische Militär offiziell gegen »insurgentes« vorgegangen ist, also Aufständische, was immer das dann heißt. In Wahrheit hat das Militär wahllos in eine arme Nachbarschaft hineingeballert, in der wir gerade unterwegs waren. Man wusste nicht, ob rechts oder links springen, Gasse hoch- oder runterlaufen, es wurde von oben geschossen und von unten. Ein Albtraum. Da habe ich nicht, wie Sie sagen, »Jetzt ist es vorbei« gedacht, sondern in der Situation ist der ganze Körper angespannt und konzentriert. Aber ich glaube, den größten Schrecken hatte ich mal in einer Situation, die, von außen betrachtet, viel harmloser wirkt. Da haben wir uns schlicht und ergreifend im Niemandsland zwischen den Fronten verirrt. »Front« klingt immer so präzis. Als ob es eine exakt abgezirkelte und markierte stabile Linie sei. Stattdessen sind es umkämpfte, dynamische, unübersichtliche Räume. Wir hatten unseren Wagen abstellen müssen und waren mit einer Gruppe kurdischer Peschmerga mitgefahren in eine Gegend, aus der sich die Armee Saddam Husseins zurückgezogen hatte. Das war ehemals kurdisches Land, das von Saddam ›arabisiert‹ worden war. Insofern war es enorm bewegend für Kurden, die von dort vertrieben worden waren, zurückzukehren in diese Dörfer oder in die Ruinen ihrer früheren Dörfer. Offenbar erkannten diejenigen, mit denen wir unterwegs waren, die Gegend nicht mehr, es gab auch kaum richtige Straßen – und schließlich haben sie sich verirrt. Der Himmel war grau und verraucht, es gab keine Orientierung an der Sonne, wir wussten nicht, in welche Richtung wir fuhren oder ob wir aus Versehen irakischen Truppen in die Arme fahren würden. Es war absolut furchteinflößend. Und dann sind wir tatsächlich mit dem Auto auf einen irakischen Posten aufgefahren. Da war glücklicherweise gerade niemand. Aber ich weiß noch, dass die Angst wirklich greifbar war und auch die Panik. Weil ich auch keine Idee hatte, wie man da wieder rauskommen sollte. Generell würde ich aber sagen, dass es sehr viel weniger gefährliche Situationen gab, als es von außen immer gedeutet wird.

Sie haben vorhin eine sehr interessante Nebenbemerkung gemacht: dass es nicht unbedingt die Vernunft ist, die in solchen Momenten entscheidet …

Konzentriert. Eigentlich ist man konzentriert.

… und dass man dann nicht denkt, es ist aus, oder so. Gibt es einen Zustand jenseits der Angst?

In dieser Situation im Auto hatte ich wirklich Angst. Angst, gepaart mit einer tiefen Ohnmacht. Ich fuhr ja nicht selbst.

Und Orientierungslosigkeit.

Komplette Orientierungslosigkeit. Aber ich muss sagen, dass mir eigentlich andere Situationen besondere Furcht oder besonderen Respekt einflößen. Aufgebrachte Meuten, die machen mir Angst. Da ziehe ich mich, wenn möglich, auch zurück.

Weil es nicht kalkulierbar ist.

Ja. Und weil mich da der Instinkt leitet.

Wenn Sie Ihre Zeit als Kriegsreporterin überblicken: Gibt es Dinge, von denen Sie bereuen, dass Sie sie getan haben – oder dass Sie sie nicht getan haben?

Da gibt es endlos viele. Man kommt in Situationen, die einen an die Grenze dessen bringen, wer man sein möchte. Es gibt zum Beispiel Konfliktsituationen, wo Milizen irgendwo im Nirgendwo einen Checkpoint aufstellen und einen dann behelligen. Und da bin ich schon auch ausgerastet und habe diese Milizen angefahren, sie sollten einen doch durchlassen. Nachträglich schäme ich mich dafür. Allerdings funktioniert so ein Gebaren oft. Aber das ist jetzt eher banal. Das haben Sie wahrscheinlich nicht gemeint?

Mir geht es eher darum, dass sich die Rolle der Zeugin vielleicht nicht immer von der Rolle der Handelnden trennen lässt. Es gibt ein Zitat von James Baldwin, das diese Problematik wunderbar auf den Punkt bringt: »I was to discover that the line which separates a witness from an actor is a very thin line indeed. Nevertheless, the line is real.«

Ach so. Ja. Es gibt dauernd Situationen, die ethisch und professionell fordern. Ich halte es nicht nur für unmöglich, sondern auch für falsch, sich der Möglichkeit oder der Pflicht zu menschlichem Verhalten zu berauben und hinter dem Dogma der distanzierten Beobachterrolle zu verbergen. Aber das muss man immer an einem konkreten Beispiel festmachen, weil sich nur in konkreten Kontexten entscheiden lässt, ob es richtig oder falsch ist, nicht nur zu beobachten, sondern auch zu agieren. Nehmen wir folgendes Beispiel: Ich war in Haiti nach dem Erdbeben, mit Sebastian Bolesch zusammen, für eine Langzeitbeobachtung. Wir sind über ein Jahr alle sechs oder acht Wochen nach Haiti gereist und haben die Entwicklung in einer komplett zerstörten Straße in einem Armenviertel von Port-au-Prince begleitet. Die Lage in dem Viertel war dramatisch. Die Leute waren völlig vergessen worden. Kaum eine Hilfsorganisation war hierhergekommen. Mit der Zeit, als wir uns dort bewegten und Gespräche führten, als die Bewohner:innen merkten, wir kommen immer wieder, wir hören zu, wir können zwar nichts aufbauen helfen, aber wir nehmen sie wahr und ernst, entstand dann ein Vertrauensverhältnis. Eines Tages erzählte uns jemand, inmitten dieser verwüsteten Gegend gebe es am Sonntag einen Gottesdienst unter einer behelfs- mäßigen Zeltplane. Eine Kirche gab es nicht mehr. Also sind wir hingegangen und haben uns das angeschaut. Und während wir da so sitzen unter den Gläubigen, erklärt mir der Übersetzer, dass der Priester gerade angekündigt hat, ich würde sicherlich auch gern zu ihnen sprechen. Sebas- tian fand das natürlich superlustig. Ich bin fast gestorben vor Pein. Was soll man da predigen? Als Europäerin mit Flugticket, das mich wieder rausbringt aus diesem Elend? Im Angesicht der versagenden internationalen Gemein- schaft? Aber da kann man sich nicht davonstehlen und erklären, es sei mit dem journalistischen Prinzip der nüch- ternen Distanz nicht vereinbar. Sondern man stellt sich hin und versucht verdammt noch mal, die richtigen Worte zu finden. Ich halte es für wichtig, sich um Unparteilichkeit zu bemühen und die eigenen Sichtblenden und Prägungen immer zu reflektieren, aber ich halte es für absurd zu glau- ben, man könne sich als Mensch, der etwas erlebt, der selbst erschüttert oder bedroht wird, ausblenden. Wenn vor mir eine Person stürzt, dann helfe ich ihr auf … Es ist schon pervers: In dem Moment, in dem ich so spreche, antizipiere ich schon die missgünstigen Entstellungen dessen, was ich sage: »Sie gibt gerade zu, dass sie eine Aktivistin ist und auf der einen oder auf der anderen Seite steht.«

Wäre das schlimm?

Ja. Denn es würde mir das wichtigste Gut nehmen, das jemand wie ich hat: die Glaubwürdigkeit. Das wäre nicht nur für mich schrecklich, sondern es würde vor allem meine Texte, und das heißt die Geschichten, die mir Menschen irgendwo auf der Welt anvertraut haben, entwerten. Der rechte politische Diskurs ist zumindest so, dass man versucht, bestimmte *littérature engagée* oder bestimmte Intellektuelle oder in dem Fall eben bestimmte Journalist:innen zu diskreditieren, indem suggeriert wird, sie würden eine Nähe aufbauen und eine Agenda verfolgen, sie seien zu voreingenommen, zu einseitig, zu involviert, um überhaupt glaubwürdig zu sein und eine nüchterne Perspektive zu haben. Aber natürlich gibt es eine Orientierung, gibt es eine Agenda: die des internationalen Rechts und der Menschenrechte. Und mit der muss man sich gemein machen. Mit den Menschenrechten bin ich parteiisch. Ich fand es genauso ›leicht‹, zunächst aus Albanien zu berichten, als die kosovo-albanischen Geflüchteten nach Albanien kamen und von ihren Erfahrungen erzählten, wie ein paar Wochen später im Kosovo zu den serbischen Gemeinden zu gehen und von deren Erfahrungen zu berichten.

The line is real.

Aber sie ist wahnsinnig dünn, wie Baldwin sagt. Und es hängen so viele komplizierte Fragen dran. Natürlich gibt es sehr viele Situationen, in denen allein die eigene Präsenz bedeutet, dass man zur Handelnden wird. Man verändert eine Situation durch seine Anwesenheit. Und dann gibt es all die Situationen, in denen man herausgefordert ist, einfach menschlich zu reagieren. Und das tut man gefälligst auch. Alles andere wäre komplett absurd. Trotzdem bleibt man in einer bestimmten Hinsicht immer Außenseiterin und immer Zeugin. Allein dadurch, dass man erkennbar nicht zu der Gegend gehört. Oder allein dadurch, dass man wieder wegfährt. Was für uns immer wichtig war: nie irgendwo Geld zu bezahlen. Es gibt sicherlich Journalist:innen, die sich den Weg an irgend so einem Milizionär vorbei freikaufen oder hier Bakschisch bezahlen oder da. Und es gibt vielleicht auch Regionen, in denen es gar nicht anders geht, in denen ich aber nicht gewesen bin. Das haben wir nie gemacht. Sebastian Bolesch hat zum Beispiel bei der zweiten oder dritten Reise nach Haiti den Leuten Fotos mitgebracht und sie ihnen geschenkt. Aber es war immer klar in den Begegnungen: Wir haben kein Geld. Wir können nichts Praktisches leisten. Alles, was wir haben, ist, dass wir aufschreiben können. Insofern ist es auch eine klare Rolle. Und eine, die einen immer schon ein wenig außen vor setzt.

Es gab keine Situationen, in denen Sie dachten: Jetzt müsste ich eigentlich die Rolle wechseln und eingreifen?

Im Nachhinein stellt sich manches anders dar. Sie haben nach den Versäumnissen gefragt, vielleicht auch nach der Schuld. Da fällt mir immer dieser Junge ein. Der Junge in diesem Wächterhäuschen in Afghanistan. Er war verschleppt worden von Soldaten. Was immer das beinhaltete, erschloss sich nicht. Da nicht nachgefragt zu haben. Es ist ja ganz oft so, dass sich Erfahrungen nicht im Moment des Erlebens erschließen, sondern dass erst nach und nach begreiflich wird, was man da eigentlich erlebt hat. Und in dieser Lücke zwischen Erleben und Verstehen liegt unglaublich viel Versäumnis, also Schuld. In dem Fall glaube ich, dass dies eine Situation gewesen wäre, in der man hätte fragen müssen: »Würdest du jetzt nicht eigentlich gerne nach Hause wollen?« Und wo man den Soldaten der Nordallianz vielleicht hätte sagen müssen: »Wollt ihr den nicht laufen lassen?« Ich bin nicht so naiv zu glauben, dass sie das dann sofort getan hätten. Aber ihn gar nicht angesprochen zu haben, sondern sich bedienen zu lassen und erst nachträglich so ganz richtig zu verstehen, dass er da gar nicht freiwillig …

Was machte er denn?

Er brachte Tee. Ich saß in einer Runde von Männern, er saß im Nebenraum und flickte da rum. Er nähte etwas. Da haben die Männer gesagt, er solle uns einen Tee bringen. Das hat er dann auch gemacht. Und zog sich wieder zurück. Soweit ich mich erinnere, haben wir die Männer nach ihm gefragt. Aber eben nur sie. Nicht ihn selbst. Die Erklärung war, er komme aus Pakistan und sei den ganzen Krieg mit ihnen mitgezogen. Das war in Afghanistan, in Kabul. Ich bin in der Situation gar nicht auf die Idee gekommen, dass auch Jungs entführt und mitgeschleppt werden könnten, als was auch immer, als Haussklave oder eben auch, um sie sexuell auszubeuten und zu missbrauchen. Den letzten Gedanken habe ich damals überhaupt nicht gehabt, der kam mir gar nicht erst in den Sinn. Wenn es ein junges Mädchen gewesen wäre, wäre völlig klar gewesen, dass alle meine Alarmsysteme sofort angeschlagen hätten. Das Gefühl von Beschämung, dass man Situationen zu spät versteht oder dass man denkt, was man noch hätte sagen oder tun können, das gibt es schon. Man trägt aber nicht nur an der Frage des konkreten individuellen Versagens in solchen Einzelsituationen, sondern die Grunderfahrung ist, in Kontexten zu sein, in denen Menschen in Not sind und Unterstützung bräuchten, die man nicht geben kann. Und wenn man dann wieder zu Hause ist und eine Thermoskanne mit Tee neben sich hat und von Büchern und Musik umgeben ist, trägt man diese Parallelwelt als permanente Gewissheit in sich. Man legt diese Erfahrungen ja nicht ab. Ich habe das Privileg, dass ich einen Pass habe und Geld habe und vor und zurück reisen kann. Im Moment mache ich diese Art von Reisen ja gar nicht, aber trotzdem bleibt diese Welt mir die ganze Zeit präsent. Es vergeht kein Tag, an dem sie mir nicht in den Sinn kommt.

Wie findet man eigentlich wieder in sein hiesiges Leben? Man verbringt mehrere Wochen oder gar Monate in solchen Gebieten. Und dann kehrt man eines Tages zurück.

Es hilft, einen Freundeskreis zu haben, der einen ganz normal fordert und beansprucht. Aber natürlich trägt man die Bilder und Erfahrungen in sich herum, und sie passen nicht zu der Lebenswelt hier. Und manchmal fühle ich mich woanders, nicht passend, weil eben der Blick auf das, was wir hier haben, sich verändert hat. Sebastian Bolesch sagte mal, man bräuchte eigentlich eine Quarantäne. In der Gegenwart der Pandemie hat der Begriff der Quarantäne natürlich auf einmal eine andere Normalität. Aber im Kontext damals, dem regelmäßigen Reisen in Krisenregionen und der Rückkehr hierher, meinte er, dass man eine Weile keine anderen Menschen sehen und alles langsam sacken lassen sollte. Das hat sich für mich auch nicht geändert in den Jahren, in denen ich nicht mehr in diese Gegenden gefahren bin, sondern mich auf Europa und die demokratiefeindlichen Bewegungen fokussiert habe. Im Moment fahre ich eher zu Demonstrationen der Rechten oder zu »Querdenker«-Demos. Aber auch da frage ich mich, wenn ich zurückkomme: »Wie erkläre ich das denen, die da noch nie waren und die das nicht kennen?« Und jetzt in der Pandemie, bei all den Klagen über die Einschränkungen, spüre ich, wie fremd mir das ist, wie ich immer denke: »Meine Güte, das sind vergleichsweise so geringe Zumutungen.« Das Selbstmitleid oder die Pseudo-Dissidenz derer, die sich frei bewegen können, die etwas zu essen haben, die medizinisch versorgt werden, die mehr oder minder zügig staatliche Hilfen bekommen in dieser Krise, die demonstrieren können gegen die Corona-Maßnahmen – das lässt mich dann schon zweifeln, wie die reagieren würden, wenn es mal härtere Krisen gäbe.

Sie haben sich verschiedentlich theoretisch zur Frage der Darstellbarkeit von Gewalt geäußert. In Ihrem Buch *Ja heißt ja und …* haben Sie, in Anlehnung an Clifford Geertz, die Unterscheidung getroffen zwischen dichter und dünner Beschreibung, bezogen nicht nur auf die Darstellung von kriegerischer Gewalt, sondern etwa auch von häuslicher Gewalt. Gibt es Erlebnisse, an deren Darstellung …

… ich gescheitert bin?

Ja.

Alle!

Alle?

Ja, klar.

Okay. Das heißt, es ist ein zwangsläufiges Scheitern?

Nein, zwangsläufig nicht. Ich hoffe, dass es anderen gelingt. Aber ich fange mal anders an: Ich bin der tiefsten Überzeugung, dass alles beschreibbar ist. Ich weiß, es gibt die

Rede vom »Unaussprechlichen«, und ich weiß auch, was damit gemeint ist, aber ich halte sie für falsch. Ich glaube an das Erzählen trotz allem. Und ich kann alle möglichen Schwellen und Bedingungen und Hindernisse benennen, die spezifisch die Darstellung und das Erzählen von Gewalterfahrungen erschweren, sei es, dass es eigene Erfahrungen sind, also wenn man als Überlebende:r spricht, sei es, dass es Erfahrungen sind, die andere gemacht haben und die man bezeugt. Jean Améry sagt an einer Stelle in *Jenseits von Schuld und Sühne*: Das, was verloren geht beim ersten Schlag, ist das Weltvertrauen. Das trifft es. Ich glaube, dass das die entscheidende Bruchstelle für Opfer von Gewalt ist. Also nicht, ob das Erlebte beschreibbar ist, sondern eher: ob es gelingt, wieder einem Gegenüber zu vertrauen. Können Überlebende sicher sein, dass sie verstanden und anerkannt werden, können sie glauben, dass diejenigen, die verschont wurden, die ›Ungeprügelten‹, überhaupt hören wollen? Das ist eine ganz andere Frage als die, ob es eine Sprache geben kann für diese Erfahrungen. Vor allem verlegt es die Last auf uns, die wir zuhören, die wir dieses Vertrauen erst rechtfertigen müssen. Für mich war Jean Améry immer der zentrale Autor für mein ganzes Selbstverständnis. Wenn man als Verschonter so tut, als ob es Erfahrungen gäbe, die so kategorial anders sind, dass sie sich nicht beschreiben lassen, halte ich das für fahrlässig, wirklich fahrlässig. Und ich halte es für bequem. Alles lässt sich beschreiben, es ist nur schwerer, brüchiger, unsicherer.

Wie funktioniert dieses Erzählen trotz allem?

Ich kann ein Beispiel geben: In einem meiner Texte gibt es die Geschichte eines Mannes, dem ich am 11. September begegnet bin. Er hatte seinen Arbeitsplatz im World Trade Center und war dem gerade noch entkommen, bevor der

Turm zusammenstürzte. Ich traf ihn auf der Straße und habe ihn befragt, was er erlebt hat. Es gab den Turm nicht mehr, es waren nur noch Trümmer und Ruinen. Er begann die Geschichte, was ihm widerfahren war und wie er aus dem Turm rausgekommen war, damit, dass er sich morgens früh gerade einen frischen Kaffee geholt hatte. Und während er weitererzählte, sagte er plötzlich: »Ja, mein Kaffee. Ich habe meinen Kaffee irgendwie auf dem Schreibtisch stehen lassen.« Oder: »Mein Kaffee muss da noch auf dem Tisch stehen.« Aber es gab ja den Tisch nicht mehr, es gab das ganze Gebäude nicht mehr. Nur in seiner Vorstellung stand da noch dieser Becher. Jetzt könnte man natürlich sagen: Das ist ja eine merkwürdige Geschichte. Oder: Er war einfach verwirrt. Und ihn pathologisieren. Ich denke stattdessen, seine Erzählung war angemessen und adäquat im Angesicht dieser unangemessenen Erfahrung, die er gerade gemacht hatte. Seine Erzählung zeigt, dass Situationen extremer Entrechtung oder eine Katastrophe wie 9/11 sich nicht sofort eingliedern lassen in eine normale Erzählung. Und das wiederum heißt für mich, immer auch zu achten auf genau diese kleinen Details, mit denen Menschen noch an dem Leben hängen, das vor der Katastrophe war, vor dem Krieg, vor der Folter, vor der Vergewaltigung. Es sind Details, die verweisen auf die Person, die sie einmal waren, früher, in einem anderen Leben, in dem nicht Flugzeuge als Waffen in Hochhäuser gejagt wurden. Diese Details sind wie Störelemente. Man nimmt sie zumindest wahr als Irritationen in einer Erzählung. Aber *de facto* sind sie Halterungen, die zurückverweisen auf eine Welt, die noch nicht aus den Fugen geraten war, oder auf eine Person, die noch nicht vergewaltigt oder gefoltert worden war. Und das heißt für mich als Gegenüber, als Zeugin, dass ich diese Momente wahrnehmen muss und sie nicht einfach wegwischen darf mit der Geste: »Ja, da ist er halt noch durcheinander oder verwirrt.« Nein, da ist er nicht verwirrt. Sondern

er will die Person sein, die einen Kaffee auf einem Schreibtisch abstellen konnte. Es sind Widerhaken im Sprechen, auf
die es zu achten gilt. Man muss ihnen ihre psychische und
emotionale und humane Wertigkeit geben. Das, finde ich, ist
meine Aufgabe als Autorin.

**Und wie fügen sich diese Details in einen größeren Er-
zählzusammenhang? 9/11 ist ja ein kollektives Trauma.**

Das ist eine sehr schwere Frage. Dafür reicht ein einzelnes
Gespräch oder auch ein Buch nicht aus. Ich würde jedenfalls nie beanspruchen, ein solches Trauma in einem Text
ausreichend beschreiben zu können. Vielleicht muss man
zunächst auch explizit sagen, dass bei großen Ereignissen,
die sich an einem oder an verschiedenen Orten gleichzeitig
zutragen, bei denen es eine Vielzahl handelnder oder betrof-
fener Personen gibt, es nur mit sehr viel Zeit und ungeheuer
aufwendig möglich ist, sie zu rekonstruieren. Manches ist
heute durch Film- oder Tondokumente oder durch forensi-
sche Recherchen schneller zu analysieren. Aber in anderen
Fällen dauert es wirklich lange und braucht Geduld. Bei
der Silvesternacht von Köln 2015/2016 haben mich manche aufgefordert, schnell darüber zu schreiben. Das Tempo,
mit dem da erwartet wurde, dass man genau rekonstruieren
oder beschreiben könne, was passiert ist und warum oder
wo jemand versagt hat und wer schuld ist, war viel zu hoch.
Das heißt nicht, dass ich die Beschreibungen der Opfer der
sexuellen Übergriffe anzweifelte. Was da zu hören und zu
lesen war, klang absolut grauenhaft. Widerlich. Aber die
Analyse, wer da was zugelassen oder versäumt hat, wie es
entstanden ist und warum – die braucht Zeit.

**Es hätte keinen Sinn gemacht, gemessen an Ihren An-
sprüchen an das, was eine solche Beschreibung leisten**

muss. Aber vielleicht hätte es Sinn gemacht als Gegenstimme, die voreiligen Zuschreibungen entgegenwirkt?

Ja. Vielleicht. Bei der Beschreibung oder Rekonstruktion von Gewalt ist mir immer wichtig, das Tempo rauszunehmen. Weil sich so die Entstehung genauer begreifen lässt. Vor allem lässt sich dann auch aufzeigen, dass nicht alles auf Gewalt als einzige Möglichkeit zulaufen muss. Ich will Gewalt nicht als unumgänglich oder naturwüchsig beschreiben. Die Verlangsamung der Betrachtung führt für mich immer dazu, einen Gewaltakt möglichst detailliert Schritt für Schritt für Schritt zu rekonstruieren. Und sich jede einzelne Momentaufnahme vorzunehmen, weil nur dadurch die Momente erkennbar werden, in denen jemand etwas anderes hätte tun können. Das nimmt der Gewalt die Zwangsläufigkeit, und es wird deutlich, dass es an allen möglichen Stellen andere Handlungsoptionen gab. Es gab die Möglichkeit, Nein zu sagen. Es gab die Möglichkeit, wegzugehen. Es gab die Möglichkeit, nicht einfach zuzuschauen. Und, und, und. Das hat verschiedene Folgen: Die eine ist, dass man dadurch unterschiedliche Bedingungen, auch unterschiedliche strukturelle Bedingungen für Gewalt besser erkennen kann. Also, was alles zusammengekommen ist, damit ... Und das andere ist, dass man jede einzelne Person in jeder Situation stärker zur Verantwortung zieht, da sie an irgendeiner Stelle auch anders hätte handeln können. Und ich glaube, das macht in vielen Fällen, wenn man es tut, die jeweiligen Geschehnisse noch einmal schrecklicher, weil auch deutlich wird, was alles zusammenkommen musste. Das ist mein Antrieb und mein Anspruch. Ich verstehe das Schreiben eindeutig als Widerstand gegen Gewalt.

Sie haben jetzt drei Punkte genannt, drei grundsätzliche Aspekte des Erzählens trotz allem: erstens die De-

tails, die Störelemente und Widerhaken wie zum Beispiel den Kaffeebecher, auf die es zu achten gilt; zweitens den Respekt vor der Komplexität, den dieses Erzählen besitzen muss; und drittens die Verlangsamung, die es leisten muss. Müsste man nicht auch noch ...

Ich würde noch einen weiteren, vierten Punkt dazunehmen, der mir wichtig ist, nämlich dass ich die Schwellen der Entrechtung oder die Schwellen der Grausamkeit oder die Schwellen der Missachtung eines anderen oder einer anderen Gruppe unbedingt niedrig halten will. Es gibt Autoren, die über Gewalt schreiben und sich immer die exotischsten Figuren oder die wahnwitzigsten Gewaltakte aussuchen. Nicht, dass es sie nicht gäbe, und nicht, dass sie nicht erschütternd wären, aber da hat jede Geschichte ein Maß an Krassheit und Verstörung, das mich fürchten lässt, dass die Wirkung solcher Texte zu einer zunehmenden Immunisierung gegen niederschwelligere Ausmaße von Entrechtung, von Missachtung, von Gewalt führt.

Exzesse an der Grenze der Vorstellbarkeit führen ja auch dazu, dass man keinen Bezug mehr herstellen kann.

Exakt. Und ich hoffe, dass es mir in meinen Texten gelingt, den Blick auf viel, viel, viel kleinere Formen der Demütigung und Erniedrigung zu lenken, auch wenn darin natürlich auch extreme Gewaltförmigkeiten vorkommen.

Um die Frage trotzdem zu stellen: Was waren denn die schlimmsten Dinge, die Sie gesehen und die Sie am meisten erschüttert haben?

Die Verarztung von Brandwunden-Opfern im Gaza-Streifen. Das war wirklich ultimativ grauenhaft. Horror. Aber der Großteil der anderen Beispiele, die mir einfallen, die mir ins Mark gegangen sind, sind so Sachen wie ... Zum Beispiel einmal im Kosovo: Da hatte jemand in einem Haus von Leuten, die vertrieben worden waren, eine Kuh erschossen. Sodass die Familie, sobald sie, nachdem sie in Albanien oder in Mazedonien oder wo auch immer als Flüchtlinge ausgeharrt hatte, in ihr Dorf und in ihr Haus zurückkehren durfte, in ihrem Wohnzimmer einen riesigen Kuhkadaver vorfinden würde. Mal abgesehen davon, dass das infernalisch stinkt – und ich weiß jetzt gar nicht, wem die Kuh gehörte, ob sie auch noch dem Bauern gehörte, der da zurückkommen würde –, aber dass man, bevor man abzieht, weil man den Krieg verloren hat, einfach mal noch so denkt, als Hinterlassensgeschenk erschieße ich für die eine Kuh im Wohnzimmer. Man kann endlos viele grauenhafte Geschichten erzählen, wie Menschen malträtiert wurden, die an vordergründiger Grausamkeit viel schlimmer sind. Aber das sind so Szenen, die mich an Bösartigkeit und an Perfidie total fassungslos machen. Auf die Idee muss man ja erst mal kommen. Und dann muss man die Kuh da ja auch noch reinbringen. Oder in bürgerkriegsähnlichen Konflikten, dass Menschen, die einer ethnischen Gruppe zugeordnet werden, ihre Häuser markieren, damit die eigenen Soldaten oder Milizen in ihrem Gewaltrausch sie verschonen. Und nur das unmarkierte Haus des Nachbarn abgefackelt und zerstört wird. Sie können einwenden, dass das eher niederschwellige Brutalitäten sind. Aber ich finde es wichtiger, über diese eher kleinen Zeichen der Entgrenzung und der Dehumanisierung zu schreiben. Ich halte es für fatal, wenn sich Reportagen immer auf die Exzesse konzentrieren. Nach und nach erreichen diese Texte das Gegenteil von dem, was nötig wäre. Sie schrauben die Erwartung an das, was als Gewalt oder Leid zählt, ins immer Schrillere. Alles unterhalb davon berührt nicht mehr. Das ist folgenreich, denn es mindert nach und nach die Aufmerksamkeit für diese frühen Formen der Ausgrenzung, der Entwertung, die frühen Sortierungen in »wir« und »sie«, all die kleinen Techniken, mit denen die einen beschützt und die anderen preisgegeben werden.

Um zum Abschluss unseres ersten Gesprächs noch einmal sehr grundsätzlich zu werden: Was will Gewalt? Lässt sich diese Frage so stellen? Und lässt sie sich beantworten?

Die Gewalt ist ja kein Subjekt. Ich glaube, die Frage müsste lauten: Wozu dient Gewalt? Oder: Welche Absicht wird mit Gewalt verfolgt? Und da gibt es ein ganzes Spektrum an Formen des Beseitigens. Zuerst einmal das Gegenüber, das beseitigt, vernichtet, weggemacht, zum Schweigen gebracht, erniedrigt werden soll. Und dann stärker auf das handelnde gewalttätige Subjekt hin gedacht: erregen. Für manche Täter hat es etwas Erregendes. Etwas Befriedigendes. Es bedeutet vermeintlich einen Machtgewinn. Es ist ein schieres Entladen von Energie, von der man nicht weiß, wie man sonst ihrer habhaft wird. Und es gibt natürlich auch die sadistische Experimentierfreudigkeit wie bei Mengele. Aber mich beschäftigt in meinen Texten eher die Frage: Was ist die Voraussetzung dafür, dass es gelingt, gewalttätig zu sein? Mich beschäftigt die Frage der Selbstautorisierung, der Abwertung des Anderen. Es gibt in meinem Buch *Gegen den Hass* ein Kapitel über den rassistischen Mord an dem unbewaffneten Schwarzen Eric Garner durch die Polizei in Staten Island, und es gibt ein Kapitel über die Ausschreitungen eines wütenden Mobs gegen einen Bus mit Geflüchteten in Clausnitz. Die leitende Frage ist: Was sehen sie nur? Wie kann es sein, dass sie in ihrem Gegenüber, in dem verzweifelten Eric Garner oder in den verängstigten

Geflüchteten im Bus, keine Menschen sehen? Wieso erkennen sie die Verzweiflung nicht, wieso nicht die Angst? Das interessiert mich sehr. Mich interessieren die Voraussetzungen und damit natürlich auch die Bedingungen von Hass und Gewalt, die strukturell hergestellt werden, die sozial hergestellt werden, die sprachlich hergestellt werden.

Braucht Gewalt Hass? Es gibt doch auch Formen von kalter Gewalt.

O ja! Es braucht eine Entwertung des Anderen, aber es braucht keinen heißen Affekt wie den Hass. Bei der industriellen Vernichtung von Juden:Jüdinnen oder auch bei kolonialer Gewalt brauchte es nicht immer aktiven Hass, sondern es ›genügte‹ eine Aberkennung der Menschlichkeit des Gegenübers. Ein Missverständnis im öffentlichen Sprechen über Rassismus und Antisemitismus ist immer die Vorstellung, dass es dieses laute, schrille, heiße Gefühl bräuchte. Damit wird die Sedimentierung von Hass ausgeblendet, also wie sich Rassismus und Antisemitismus als Sediment in Institutionen, in Strukturen, in Praktiken und Gewohnheiten eingelagert haben. Insofern handelt das Buch natürlich nicht nur vom Hass. Es ist halt nur der *catchy* Titel.

Letzte Frage für heute: Warum haben Sie mit der Kriegsberichterstattung aufgehört?

Ich muss sagen, es fehlt mir. Ich würde es auch gerne wieder machen. So ungeplant, wie ich da hineingeraten bin, so ungeplant hat sich der Fokus auch verschoben. Ich wollte Bücher schreiben, und dafür braucht es einen anderen Rhythmus, eine andere Stille. Als dann die »Pegida«-Demonstrationen begannen, bin ich hingefahren, und die

Bedrohlichkeit war sofort erkennbar. Auch wenn da viele noch versucht haben, diese Bewegung zu verharmlosen. Ich hatte eigentlich ein ganz anderes Buchprojekt begonnen, auch schon dazu geforscht und lange Interviews geführt, die vollen Aktenordner stehen immer noch bei mir – das habe ich dann sofort abgebrochen und entschieden, dass ich etwas über Demokratiefeindlichkeit und Rassismus schreiben wollte. Über dieses Dogma der Reinheit, das verschiedene gewaltförmige Bewegungen und Gruppierungen ›auszeichnet‹. Daraus entstand dann *Gegen den Hass*. Mein Eindruck war: Es gibt gleichsam auch hier eine Krise, eine demokratische Krise, und das wollte ich beobachten und reflektieren. Aber das Reisen in andere Weltgegenden muss wieder mehr werden. Gern auch zu den Fragen der ökologischen Krise. Dazu bin ich jetzt schon öfter unterwegs gewesen, aber bislang, ohne darüber zu schreiben.

ÜBER HERKÜNFTE UND TRADITIONSLINIEN

Zweites Gespräch

Können Sie sich noch an Ihre ersten Leseerlebnisse erinnern?

Meine allererste Lektüre war ein Bilderbuch, das *Onkel Tobi* hieß. Es war in Versen. Ich konnte das wohl auswendig, bevor ich lesen konnte, wollte aber meiner Mutter stolz vorführen, wie ich schon ›lesen‹ könne. So wurde es mir zumindest später erzählt. Dann gab es ein Bilderbuch, an das ich mich ziemlich genau erinnere, ursprünglich ein Märchen der Gebrüder Grimm, *Sechse kommen durch die ganze Welt*. Ich habe es noch irgendwo, ich müsste es mal wieder raussuchen. Nachträglich kann man natürlich sagen: Das passt ja. Die Erzählung beginnt nach einem Krieg, und so finden sich auch mehrere versehrte Figuren darin. Es handelt davon, wie sich sechs Personen, die alle jeweils eine sehr ungewöhnliche Fähigkeit haben, ergänzen und gemeinsam die Aufgaben bestehen, die sich ihnen stellen: Der eine kann, wenn er sich ein Nasenloch zuhält, so pusten, dass weit entfernte Windmühlen sich zu drehen beginnen, der andere kann so schnell laufen wie der Wind. Alle diese Kompetenzen werden irgendwann mal abgefragt. Das habe ich geliebt.

Das passt ja, weil man ein erstes Anzeichen von Welthaltigkeit darin sehen könnte?

Im Nachhinein legt man sich das so zurecht. Aber in Wahrheit war ich ein ausgesprochenes Heimwehkind. Nichts in dieser Zeit hätte vermuten lassen, dass ich später mit Fernweh ausgestattet auf Reisen gehen würde.

Gab es Prägungen in dieser Zeit, die nachhaltig waren?

Ich würde sicherlich sagen, dass mich biblische Geschichten durch und durch geprägt haben. Es gab irgendeine Kinderbibel, aus der vorgelesen wurde. Griechische Sagen sind bei mir überhaupt nicht aufgetaucht damals. Die musste ich mir sehr viel später mühsam selber aneignen. Aber die biblischen Geschichten, insbesondere die aus dem Alten Testament, haben einen bleibenden Eindruck hinterlassen, weil sie ja auch eine unglaubliche Bildkraft haben und die Konflikte, die darin vorkommen, so zeitlos sind. In der Grundschule hatten wir einen Religionsunterricht, der im Wesentlichen darin bestand, dass Geschichten vorgelesen wurden und wir dazu malten, sodass ich bis heute starke Bildassoziationen zu diesen Stoffen habe – wobei ich sagen muss, dass ich miserabel malen und zeichnen konnte. Erst später kam der richtige Text hinzu, die Luther-Bibel mit dem Rhythmus des Erzählens, dem Rhythmus der Psalmen, der Musikalität der Sprache. Darin liegt eine Art Kernreservoir, aus dem sich schöpfen lässt, das aber nicht verknüpft war mit strenger Frömmigkeit. Sondern einfach als Literatur, als Ensemble von Geschichten und Figuren, als Einführung in psychologische Motive und Dynamiken.

Aus Ihren Büchern erfährt man relativ wenig über Ihre Kindheit und Jugend, am ehesten noch aus Ihrem persönlichsten Buch *Wie wir begehren*. Das wenige, was man erfährt, hinterlässt den Eindruck: Das war ein Kind, das am liebsten im Wald war.

Ja, das stimmt. Ich habe nicht mit zehn Simone de Beauvoir gelesen. Mit zehn habe ich Baumhäuser gebaut und sehr viel Fußball gespielt ... *(lacht)* und überhaupt sehr viel Sport gemacht. Aber ich glaube, es hat sich, damals und auch später, nie als Gegensatz aufgetan zwischen dem tiefen Glück des Lesens, des Nachdenkens über politische oder existenzielle Fragen, und der Lust, draußen zu sein, unterwegs zu sein und sich körperlich zu spüren. Mir ist mein Körpergefühl immer Voraussetzung für alles andere gewesen.

Trotzdem haben Sie sich später dazu entschieden, Philosophie, Politik und Geschichte zu studieren. Das ist ja eine Entscheidung, deren Langfristigkeit einem zu dem Zeitpunkt, da man sie trifft, vielleicht noch gar nicht ganz bewusst ist. Was waren die Gründe für diese Entscheidung?

Die Philosophie war das Feld, das mich am meisten meinte und worauf ich richtigen Hunger hatte. Das begann schon am Gymnasium, wo ich einen exzellenten Philosophieunterricht hatte. Ich muss sagen, dass ich wirklich großartige Lehrer:innen hatte, auch einen phantastischen Deutschlehrer. Aber dieser eine Philosophielehrer, Joachim Minnemann, war sensationell. Ich glaube, sobald das Fach auftauchte, war für mich klar, dass es viele Dinge zusammenbrachte, die ich ... *(denkt nach)* nun ja ... die ich bin. So würde ich es heute sagen, damals hätte ich das wahrscheinlich nicht so formulieren können. Zu mir passten die Philosophie und ihre Methoden: das logische Denken, das präzise Handwerk des Fragen-auseinandernehmen-Müssens und die Gleichzeitigkeit von eher analytischen und eher literarischen Formen des philosophischen Nachdenkens, die Vielfalt der Genres. Wenn man sich überlegt, was für

eine Breite an philosophischen Textgattungen es gibt, auch
an subjektiven Formaten wie Meditationen oder autobio-
graphischen Reflexionen. Es wird heutzutage im deutschsprachigen Raum gern so getan, als sei das ein Widerspruch
zum analytischen Denken. Dabei ist für mein eigenes
Schreiben gerade die offene, hybride Form, das Wechseln
oder Verschränken verschiedener Genres zentral. Dieses
Spektrum an Sprachen und Formen hat mich schon damals
an der Philosophie beeindruckt. Ich denke an eine Figur
wie Sartre, den ich sehr früh auf dem Gymnasium gelesen
habe und der für mich eine der eindrücklichsten philosophischen Lektüren war: Er hat Theaterstücke geschrieben,
psychologische Porträts, erkenntnistheoretische Studien
und politische Essays – das ist schon atemberaubend. Und
natürlich war attraktiv, dass sich mit der Philosophie auch
eine Gegenwart analysieren und kritisieren lässt. Also dass
Philosophie immer auch Instrumente der Kritik bereithält,
immer auch Instrumente für Aufklärung, immer Instrumente für den Widerstand gegen Gewalt bietet. Wir haben
dann sehr früh in der Schulzeit eine Philosophie-AG gehabt,
zusammen mit diesem Lehrer, da haben wir uns abends getroffen und Ernst Bloch gelesen, die *Tübinger Einleitung
in die Philosophie*. Das klingt nachträglich ein wenig irre,
aber ich erwähne es, um zu verdeutlichen, dass der Hunger auf Philosophie und Theorie seit dieser Zeit angelegt
war. Nach dem Abitur habe ich glücklicherweise ein Jahr in
Madrid verbracht. Damit war ich raus aus dem Klassenver-
band und auch raus aus dem Elternhaus. Das war extrem
entscheidend, ich wüsste nicht, was ich sonst studiert hätte.
Philosophie war etikettiert als brotloser Luxus. Das wollte
ich nicht. Ich habe deswegen damit gehadert und mich befragt: »Darf ich das studieren, was ich wirklich will? Was
für ein Ausdruck von Privileg ist das?« Dafür brauchte ich
dieses Jahr Unterbrechung, diese Zwischenzeit, in einem

anderen Kontext, um mich für das zu entscheiden, was ich wohl schon war. Ich liebe Spanien, das ist seit dieser Zeit tief eingebrannt. Noch heute schießen mir die Tränen in die Augen, wenn ich in Madrid ankomme. Es ist ein Wieder-aufrufen dieses Freiheitsgefühls, der Ausgang aus der Enge der Schule und die Freiheit, sein zu dürfen. Nach diesem Jahr in Madrid war die Entscheidung leicht. Die Philoso-phie war für mich auch ein radikaler Anspruch, sich gegen Zugriffe von außen zu wehren und der eigenen Sehnsucht zu trauen.

Was hat Ihnen denn in Madrid die Bedenken genommen?

Einfach die Distanz. Die Möglichkeit, sich herauslösen zu können aus sozialen Erwartungen. Da helfen Auslandsauf-enthalte. Ich würde sie auch Jüngeren immer empfehlen: »Mach ein Jahr irgendetwas, um dann zu entscheiden, was du machen willst.« Damit man nicht aus den Konventionen der Milieus heraus entscheidet, in denen man vorher war. Und in Spanien habe ich mich einfach sehr wohlgefühlt. Madrid ist heute noch ein Zufluchtsort in meinem Kopf. Jedenfalls hat diese Unterbrechung mir erlaubt, der inneren Stimme zu folgen und Philosophie zu studieren.

Und dann haben Sie vor allem in Frankfurt studiert, aus Interesse an politischer Philosophie, nehme ich an.

Nein, es ist ein bisschen verwirrend. Ich war zuerst in Berlin.

Ach so, das liest man nirgends.

Es war eher chaotisch, das hatte keine akademischen Gründe. Ich war ein kurzes Jahr in Berlin, ein kurzes Jahr in

Hamburg, dann in London und dann endlich und dauerhaft in Frankfurt. In dem Jahr in Hamburg war eigentlich vor allem Streik. Da habe ich nebenher journalistisch arbeiten wollen. Schon in Madrid hatte ich journalistische Praktika gemacht, in Berlin dann auch. Zu meiner Zeit in Hamburg wurde gerade *Spiegel TV* gegründet. Dort habe ich ein Praktikum gemacht, das sich immer verlängerte und dazu führte, dass ich kleine Beiträge machen konnte. Das war 1988/89. Dann bin ich mit einem Stipendium nach London gegangen an die London School of Economics, kurz vor dem Fall der Mauer, da war ich in London und bin dann fürs Wochenende nach Berlin, weil ich dort sein wollte. Nach Frankfurt bin ich dann 1990 gekommen und geblieben.

Welche Erinnerungen haben Sie an diese Städte?

Die ersten Studienjahre waren etwas verloren und auch einsam. Ich bin da noch sehr geschwommen durch diese unübersichtliche Menge an Stoffen und Techniken des Studierens. Ich war froh, als ich da raus und nach London in ganz andere Strukturen und Anforderungen kam. Allerdings ist London die einzige Stadt, in der ich gelebt habe, mit der ich überhaupt nichts anfangen kann, bis heute nicht. London war und ist eine der wenigen Metropolen, die mir komplett fremd geblieben sind. New York, Paris, Madrid, da blühe ich auf. In London schrumpfe ich. An der London School of Economics war das Studium eher verschult, es gab sehr viel engere Betreuung, aber auch ein Hardcore-Pensum an Lektüre. Das war unfassbar. Man dachte wirklich, ich übergebe mich gleich vor schierer Menge an Texten, die es da zu lesen galt. Das vergisst man nie wieder, dieses Text-Bootcamp. Für die wirkliche intellektuelle Entdeckung der Philosophie, die Begegnung mit Theorie-Architektur, da war Frankfurt der eigentliche Beginn. Da gab es diese Gewissheit, im richtigen Kontext, in der richtigen Tradition der Kritischen Theorie, aber auch in der richtigen Szene an Kommiliton:innen, an Gleichgesinnten angekommen zu sein. Nie vorher und auch kaum je seither habe ich mich so sehr als Teil einer Gemeinschaft gefühlt. Dabei spielte es für mich eine große Rolle, wie international geprägt das Philosophische Institut damals war. Jürgen Habermas zog Studierende aus der ganzen Welt an. Das Kosmopolitische der Diskurse, aber auch im Freundeskreis, das entsprach mir.

Welche Figuren gab es da, die für Sie wichtig waren, neben Habermas?

Habermas war schon die zentrale Figur, wobei ich erst in seiner Spätphase da war. Promoviert habe ich dann bei seinem Nachfolger Axel Honneth. Aber ich habe auch bei Karl-Otto Apel, bei Alfred Schmidt und Iring Fetscher studiert. Und dann die nächste Generation, die damals schon in Frankfurt lehrte, auch aus anderen Fachbereichen: Andrea Maihofer vor allem, auch Günter Frankenberg, Klaus Günther, Micha Brumlik, die waren Teil eines größeren Diskussionszusammenhangs, nicht zuletzt durch das Kolloquium von Habermas und das Institut für Sozialforschung. Mir sind sehr viele Freund:innen von damals zu engen Lebens- und Denkbegleitern geworden. Dann gab es noch den erweiterten Kritische-Theorie-Kontext durch regelmäßige internationale Konferenzen. Ursprünglich in Dubrovnik, zu meiner Zeit dann verlagert nach Prag. Da habe ich Seyla Benhabib, Nancy Fraser und die leider früh verstorbene Iris Marion Young kennengelernt. Mein Interesse an französischer Philosophie wurde da allerdings nicht gesättigt: Foucault, Levinas, Todorow waren und sind für mich unverzichtbar.

Und dennoch sind Sie danach nicht etwa nach Frankreich gegangen, sondern in die USA.

Seyla Benhabib hatte mich eingeladen nach Harvard. Die hat mich quasi adoptiert. Dadurch kam ich in ein noch mal ganz anders pluralisiertes akademisches Umfeld. Dort konnte ich für meine Doktorarbeit recherchieren und einen Teil schreiben. Und ich konnte Kontakte knüpfen nicht nur in Boston und Cambridge, sondern auch in New York, das für mich ähnlich wie Berlin zu einem vertrauten Zuhause geworden ist. Da waren zunächst feministische Denkerinnen, aus der politischen Theorie oder der Rechtsphilosophie, die ich dann über Seminare oder Veranstaltungen kennengelernt habe, wie Bonnie Honig, Drucilla Cornell oder Wendy Brown. Ich habe über den Begriff der kollektiven Identitäten promoviert. Deswegen haben mich verschiedene Formen der Vergemeinschaftung, aber auch verschiedene Mechanismen der Stigmatisierung und der Ausgrenzung interessiert. Wie antisemitische oder rassistische Zuschreibungen die Erfahrung, was es bedeutet, jüdisch zu sein, oder was es bedeutet, Schwarz zu sein, prägen. Meine Lektüre hat mich damals schon weit von dem weißen Kanon entfernt, der zu dieser Zeit die Liberalismus-Kommunitarismus-Debatte bestimmte. Ich habe nicht nur John Rawls oder Michael Walzer oder Charles Taylor gelesen, sondern als ich in Harvard war, unterrichteten dort Cornel West, Henry Louis Gates und Anthony Appiah. Es war großartig, diese Denker nicht nur lesen, sondern auch hören und erleben zu können. Das öffnete den Horizont auf so viele phantastische Schwarze Autorinnen wie Jamaica Kincaid oder Jill Nelson. Es hat sich da ein Fundament an Referenzen, an Bildern, an Poetiken gebildet, das für mich ein elementares Bezugsgewebe geworden ist wie andere literarische oder philosophische Bezüge auch.

Sie haben vorhin von einer Parallelität von akademischen und journalistischen Tätigkeiten gesprochen. Wie ging dieses Nebeneinander weiter? Und inwiefern war es auch ein Ineinander?

Thematisch gab es schon Überschneidungen. Als ich in Frankfurt war, habe ich mich um ein Praktikum beworben bei *aspekte*. Die Redaktion war zu der Zeit noch in Mainz beim ZDF in der Zentrale. Da habe ich recht politische Beiträge machen können, auch für die *Kulturzeit*-Redaktion. Ich habe beispielsweise einen Film über die damalige Kontroverse um die Wehrmachtsausstellung gemacht, auch einen über Peter Handkes umstrittenen Text *Eine winterliche Reise zu den Flüssen Donau, Save, Morawa und Drina oder Gerechtigkeit für Serbien*. Insofern war das thematisch recht nah an dem, worüber ich auch sonst nachgedacht oder gearbeitet habe. Aber die Form war natürlich eine völlig andere. Es war auch eine ganz andere kommunikative Welt. Bei *aspekte* war es großartig. Das war eine Redaktion, in der sich sehr viele kannten, seit sie Volontäre waren, eine richtig eingeschworene Clique. Und die texteten manchmal im Kollektiv. Für mich der absolute Albtraum. Aber es funktionierte irgendwie. Und in Frankfurt gab es damals eine sehr durchlässige Stadtkultur, eine wirklich verzahnte und verbundene Öffentlichkeit aus Suhrkamp Verlag, Fischer Verlag, den beiden großen Zeitungen, dem starken Philosophischen Institut, dem Institut für Sozialforschung, das auch eine große Rolle spielte für mich. Und dann das TAT, das Theater am Turm, unter Tom Stromberg, wo Jan Fabre, die Wooster Group und, für mich besonders einprägsam, Heiner Goebbels auftraten. In der Zeit, als ich in den USA war, habe ich mich hingegen auf die Dissertation konzentriert. Es gab also Phasen, in denen beides parallel lief, und es gab Phasen, in denen ich mich nur mit Philosophie beschäftigte.

Gab es einen Moment, in dem Sie eine Entscheidung treffen mussten, in welche der beiden Richtungen es weitergehen soll?

Ich habe gehadert. Immer wenn ich an der Universität war, fehlten mir die Welthaltigkeit und das Reisen. Mir fehlten auch andere Menschen. Und immer wenn ich journalistisch gearbeitet habe, fehlten mir die Theorie und die Reflexion. Ich habe lange darunter gelitten, dass die Welten so verschieden waren. Oder dass meine Neigungen so unvereinbar erschienen. Nach der Promotion wollte ich erst mal raus. Ich bekam ein Angebot für eine Festanstellung – und sagte zu. Da hatte ich aber noch nicht das Gefühl, dass ich damit eine endgültige Absage an die Universität erteilen würde. Ich bin dann später, nach einigen Jahren beim *Spiegel*, für ein Jahr als Gastdozentin nach Yale gegangen. Ich brauchte das. Mittlerweile hat sich der Widerspruch längst aufgelöst. Durch die Bücher, also seit *Von den Kriegen*, schreibe ich Texte, in denen für mich beides zusammenkommt: der philosophische Hintergrund, das theoretische Instrumentarium, die Lektüre und dann aber auch die Anschauung, die Zeugenschaft, die Begegnung und Konfrontation mit anderen Kontexten, Lebenswelten, Perspektiven.

Gab es für Sie in diesem Genre Vorbilder?

Ich zögere immer bei der Frage, weil ich nie das Selbstverständnis hatte, dass ich Autorin werden könnte, insofern tauchte die Frage nach Vorbildern gar nicht auf. Ich habe natürlich über das Leben oder die Texte von anderen nachgedacht, aber nie in dem Sinne: »Das will ich auch« oder »So will ich sein«. Für mich war es schwer genug, erst einmal das sein zu dürfen, von dem ich ahnte, dass ich es sei. Ein Leben wie meines heutzutage, also schreiben zu können, als queere, intellektuelle Frau, und mit den eigenen Texten Geld verdienen zu können … dafür gab es nicht einmal eine Phantasie. Ich habe gelesen und mich erschüttern oder anregen lassen von den Fragen, die in Texten auftauchten oder die sich auch in musikalischen Werken oder Aufführungen stellten. In der Teenager-Zeit und Anfang der Zwanziger gab es dann Figuren, vor allem in der Musik und im Tanz, die dieses Gefühl spiegelten, unpassend zu sein, jenseits heterosexueller Normen, im Niemandsland. Bis dahin war die Welt durchcodiert und ideologisch überformt durch Erwartungen an Weiblichkeit, die ich nicht erfüllte. Ohne genau zu wissen, wonach ich suche, ohne mich selbst schon als homosexuell zu begreifen, waren diese Figuren eine absolute Rettung. Zu verstehen, für diese Art des Nicht-Dazugehörens gibt es eigene Stimmen, eigene Sprachen, eigenen Raum, da brach etwas auf. Ich habe sehr spät entdeckt, dass ich homosexuell bin, welche Freiheit es bedeutet, das ausleben zu können, das habe ich durch die Musik erstmals geahnt.

Und auf der Ebene von Texten?

Es gibt natürlich viele Texte, die mein Leben beeinflusst und verändert haben. Primo Levi und Jean Améry haben wir schon genannt. Charlotte Delbo gehört sicher noch dazu. In der Philosophie haben Sartres *Überlegungen zur Judenfrage* wohl am nachhaltigsten in mein Denken eingegriffen. Die *Dialektik der Aufklärung* von Horkheimer und Adorno. Und Walter Benjamin, in dessen Werk ich keinen einzelnen Text hervorheben kann, weil so viel mich beeindruckt hat – das Spektrum seiner Aufmerksamkeit, auf wie viele verschiedene Phänomene er den Blick richten kann und wie unterschiedlich der Blick jeweils ist. Michel Foucault natürlich, aber auch Emmanuel Levinas mit seiner Vorstellung vom Antlitz. Aber Sie fragen ja anders. Sie meinen, wann das erste Mal ein Autor auftauchte, von dem ich dachte, das hat mit mir zu tun. Da würde ich Juan Goytisolo nennen, ein homosexueller spanischer Autor, der auch im Genre wechseln konnte zwischen eher analytischen, reflexiven und eher literarischen Texten. Es gab aber auch viele Autor:innen, die etwas ganz anderes können als man selbst und die einen beeinflussen. Ingeborg Bachmann zum Beispiel, aber das funktioniert ja nicht als Vorbild in Ihrem Sinne. Erst sehr viel später im Leben habe ich dann Biographien entdeckt, die mich beeindruckt haben oder in denen ich mich spiegeln konnte, aber für das Aufwachsen und für diese sich formierende Phase könnte ich das viel weniger sagen. (*Überlegt.*) Vielleicht würde ich auch den Schriftsteller Daniel Mendelsohn nennen, dessen Debüt *The Elusive Embrace* hieß. Das ist jetzt erst, über zwanzig Jahre später, auf Deutsch unter dem Titel *Flüchtige Umarmung* erschienen. Das ist ein Essay, ein subjektiver Text, der auf unglaublich intelligente Weise Motive und Geschichten aus den griechischen Epen nimmt und sie mit der Suche nach seiner Identität verwebt. Er schreibt so klug und so wunderbar schamlos über homosexuelles Begehren. Das war der erste Text, bei dem ich dachte: Okay, ich kann nicht so schreiben, und das Altphilologische ist auch nicht mein Referenzsystem, aber diesen Grad an innerer Freiheit, diesen Grad an Radikalität in der ästhetischen und in der analytischen Form, um den geht's. Diese publizistische Freiheit will ich.

Man kann die Frage auch grundsätzlicher angehen: Was bedeutet es überhaupt, sich an etwas zu orientieren? Nicht im Modus der Aneignung, aber vielleicht im Modus der Anverwandlung und Fortschreibung.

Ja. Das ist gut. Denn es geht nicht darum, etwas zu imitieren, aber man kann an anderen etwas studieren. Das kann ich besser beantworten. Wenn ich zum Beispiel Péter Nádas nehme: Der kann ja Dinge, die ich gar nicht kann. Jeder Vergleich wäre absurd. Aber in dem, was ich in unserem ersten Gespräch als Methode der Verlangsamung bei der Analyse oder Beschreibung von Gewalt bezeichnet habe, steht mir Nádas sehr nah. In jüngeren Texten von mir, die keine Reportagen sind, sondern die Videos analysieren oder Dokumente analysieren, geht es um eine Verlangsamung und um ein sehr detailgenaues Nachvollziehen einer Chronologie. Das macht Nádas auch, er erzeugt eine mikroskopische Sicht, eine unglaubliche Nähe zu den Bildern und Situationen, er zieht den Fokus nicht auf, sondern taucht ein, in jedes Detail, jede Winzigkeit, mit enormer Langsamkeit auch. Und ich würde behaupten, dass das eine Form der Ästhetik des Widerstands gegen Gewalt ist, eine Präzision, eine Langsamkeit, die sich gegen etwas Grobes, gegen eine Unschärfe stellt, die allen Gewaltakten vorausgeht. Dafür verehre ich Nádas, und dieser ästhetischen Strategie fühle ich mich ethisch auch verpflichtet. Oder um ein anderes Beispiel zu nehmen: Es gibt bei W. G. Sebald in *Austerlitz* eine Szene, in der ein Mann in das Haus seiner Kindheit zurückkehrt und das ehemalige Schlafzimmer betritt. Dort sieht er in dem Beistelltisch, der neben dem Bett steht, noch die Kerben, die er damals eingeritzt hat, aus Angst und Verzweiflung darüber, dass er am nächsten Tag verschickt werden sollte. Und aus dieser Szene heraus geht die Figur nach draußen mit einer Waffe und schießt auf einen Glockenturm, auf die Uhr im Glockenturm, glaube ich. Das war für mich eine Schlüsselszene, als ich sie gelesen habe, weil ich dachte: Die schlechte Recherche würde sich nur damit beschäftigen, was für eine Uhr das war, wie viele Schüsse es waren, mit welcher Waffe sie abgegeben wurden, um welche Uhrzeit, ob die Sonne von rechts oder von links geschienen hat. Gelegentlich glaube ich, dass gegenwärtiger Journalismus genau so funktioniert. Da wird mit ungeheurem Aufwand komplett Irrelevantes nachrecherchiert und rekonstruiert. Was mich interessiert und was, glaube ich, der Auftrag ist, wenn man so jemanden wie Sebald liest, ist die Suche nach den Kerben im Beistelltisch und die Frage, woher sie stammen, um dann auch die Verzweiflung und die Schüsse erklären zu können. Oder bei Toni Morrison oder William Faulkner ist es das, worüber wir gestern ebenfalls gesprochen haben, also wie eine Traumatisierung, eine körperliche oder seelische Versehrung, wie eine Gewalterfahrung das Erzählen über diese Erfahrung verändern kann. Morrison und Faulkner zeigen, wie es literarisch möglich ist, solchen Erfahrungen gerecht zu werden, sprachlich gerecht zu werden, ohne die Erfahrungen oder die Versehrungen kleiner zu machen und trotzdem zu sagen, sie sind verstehbar. Das sind für mich Bezugsfelder, also Nádas, Sebald, Morrison, Faulkner, sie sehen die Tiefe der Verstörung, die durch Rassismus und Gewalt ausgelöst wird, sie begreifen, dass das eigene Schreiben diese Verstörung abbilden muss, aber ihr nicht wehrlos ausgeliefert sein darf. Paul Celan gehört auch in diese Reihe. Sarah Kane. Das heißt natürlich nicht, dass ich auch nur versuchte, sie in irgendeiner Weise zu imitieren, sondern dass ich in ihren Werken die Fragen wiedererkenne, die auch mich umtreiben. Das sind schon Traditionslinien, Denk- oder Schreiblinien, in denen ich mich selbst verorte oder verstehe, ohne jetzt unbescheiden sein zu wollen.

Und über das Medium Text hinausgedacht?

Sicherlich Francis Bacon, Miriam Cahn, Anne Imhof, also heutige Performance-Kunst, auch Rabih Mroué. In der zeitgenössischen Musik Olga Neuwirth und Isabel

Mundry. Das sind natürlich ganz anders arbeitende Künstler:innen, in einer ganz anderen Sparte, aber ich glaube, dass sie sich dieselben oder ähnliche Fragen stellen und mit einem anderen Handwerk, mit anderen Instrumenten damit umgehen. Das ist für mich so ein kapillarisches intellektuelles Feld, das mich immer wieder inspiriert. Wobei das noch zu abstrakt klingt. Mit einigen der genannten Künstler:innen und Denker:innen bin ich auch freundschaftlich verbunden. Mit manchen wirklich eng, auch im kreativen oder politischen Gespräch, mit anderen weniger regelmäßig, aber dafür dann intensiv. Daraus entstehen manchmal auch gemeinsame Projekte, manchmal denken wir einfach über ähnliche Themen und Motive mit unterschiedlichen ästhetischen oder analytischen Mitteln nach. Die Komponistin Isabel Mundry ist seit Langem eine enge Freundin, mit der Malerin Miriam Cahn ist ein wunderbarer Austausch entstanden, mit dem Performance-Künstler Rabih Mroué würde ich sehr gern einmal zusammen etwas entwickeln, das kommt hoffentlich noch. Es sind also nicht nur distanzierte Referenzen, sondern es ist mein Leben, das sich mit allem, was ich habe, anderen Kunstformen, anderen theoretischen oder literarischen Zugriffen aussetzt. Es sind auch Netze an Freundschaften. Ich denke nicht allein, sondern mit anderen zusammen, die auch gesellschaftlich intervenieren mit ihren je anderen Sprachen.

Wenn man über Traditionslinien spricht …

Darf ich noch eine Sache ergänzen?

Natürlich.

Als ich in Frankfurt war, lebte dort auch Gertrud Koch, die Filmwissenschaftlerin. Mich hat damals wie heute ungeheuer beeindruckt, wie dieses irrsinnige Wissen, dieses unfassbar große Referenzsystem bei ihr niemals zu einem Mittel der Distinktion gegenüber anderen wurde, niemals zu einem akademischen Tetris-Spielen vor Publikum, sondern man spürte, dass die ganze Person, wie sie über die Welt nachdenkt oder über Filme nachdenkt, all das einsetzte und nutzte. Das ist die Form von Bildung, die es braucht, durch die Film oder Musik oder Literatur oder Performance einem helfen, soziale Phänomene zu durchleuchten oder menschliches Handeln zu verstehen. Die Bildung muss für mich immer angewandt sein, immer einer Frage oder einer Person zugewandt, sie muss antastbar und zugänglich sein. Die Erste, die mir begegnet ist, bei der ich dachte: »Großartig, diese vielen verschiedenen Zugriffe auf Kunst und Theorie und diese selbstironische Durchlässigkeit dazu!«, das war Gertrud Koch.

Bildung und Durchlässigkeit sind gute Stichworte, um auf einen weiteren Aspekt zu sprechen zu kommen, der mit Referenzsystemen und Traditionslinien zu tun hat, nämlich auf die Frage des Kanons. Was lange als Kanon galt, wird derzeit fundamental infrage gestellt, die Diskussion darüber breit geführt. Haben Sie eine Erklärung dafür, wieso sie gerade jetzt stattfindet?

Wir müssen zuerst analysieren, was da im Moment eigentlich geschieht. Ich denke, dass die Diskussion in den unterschiedlichen europäischen Ländern unterschiedlich verläuft. Aber wenn wir mal den deutschsprachigen Raum nehmen, so brechen hier in der Öffentlichkeit Abwehrschlachten auf, die doch eher beschämend sind. Und sie finden mit einer gespenstischen Zeitverzögerung im Verhältnis zu anderen Ländern statt, insbesondere zu den USA. Ich habe ja vorhin beschrieben, wie sich während meiner

Promotionszeit, Mitte der 1990er Jahre, das ganze philosophische, politische, literarische Referenzsystem erweitert hat. Das war nicht nur eine dringend notwendige Vertiefung und Bereicherung, sondern auch eine kritische Auseinandersetzung mit dem vorherigen Kanon. In doppelter Hinsicht: erst einmal, weil dadurch natürlich infrage gestellt wird, wie der Kanon entsteht, wer das bestimmt, welche Texte und Personen dabei absichtsvoll vergessen und verdrängt werden. Aber es bedeutete auch, die Texte selbst noch mal anders zu lesen, auf die Ressentiments hin, die sie mitführen, auf die sozialen Fragen, die sie vernachlässigen, auf die kolonialen oder patriarchalen Herrschaftsverhältnisse und die Gewalt, die sie rechtfertigen oder verharmlosen. Diese Re-Lektüren der Autoren der Aufklärung aus feministischer oder postkolonialer Perspektive sind lehrreich. Das ist doch genau das, was aufgeklärtes Denken bedeutet: sich vertraute Praktiken und Überzeugungen vorzulegen und sie abzuklopfen auf hemmende oder ausschließende Elemente. Die kritische Re-Evaluierung jener klassischen Texte oder Figuren, an denen wir uns gern orientieren, empfinde ich nicht als Zerstörung der eigenen Kultur, sondern als absolut notwendige und selbstverständliche Befragung dieser Texte auf Spuren der Ideologien und Vorurteile ihrer eigenen Zeit. Das heißt schlicht, sie auch als historische Dokumente zu lesen und darauf zu untersuchen, was sie uns heute noch erzählen können und was nicht mehr. Mir wird dadurch doch nichts weggenommen, sondern ich lerne, anders und genauer zu lesen. Das heißt nicht, dass diese Autoren für mich unlesbar wären oder nutzlos. Ich will sie nicht tabuisiert oder ignoriert sehen, sondern mit und durch sie lässt sich lernen. Man kann immer noch fragen: Gibt es die Möglichkeit, auf Texte von Autor:innen wie John Locke oder Hannah Arendt kritische Blicke zu richten und trotzdem andere Teile davon für ungeheuer wichtig und prägend zu halten? Dafür würde ich immer plädieren. Wenn wir nach gänzlich reinen, nach gänzlich unfehlbaren Texten suchten, würden wir einer Illusion erliegen. Was ich im deutschsprachigen Raum als regelrecht beglückend wahrnehme, ist die Entwicklung in der Literatur, die sich pluralisiert, in der aufregende, inspirierende Autor:innen publiziert werden. Das heißt nicht nur, dass aus den Erfahrungswelten und Leben von Menschen und Familien berichtet wird, die in der Generation davor noch wenig sichtbar und hörbar waren. Das heißt nicht nur, dass struktureller Rassismus und Antisemitismus noch einmal ganz anders aufgezeigt und untergraben wird. Sondern es heißt auch, dass es literarisch andere ästhetische Formen gibt, einen anderen Umgang mit dem Vokabular, andere poetische Strategien, eine Vielsprachigkeit und Multiperspektivik, die wirklich großartig ist.

Wenn Sie von Abwehrschlachten sprechen: Wer führt sie? Und gegen wen? Was wird abgewehrt, was wird verteidigt?

Ich denke, da wird auch bewusst ein Kulturkampf geschürt, der jede gelassene Offenheit, jede selbstkritische Neugierde, jedes gesellschaftliche Lernen denunzieren will. Als ob es der Untergang des Abendlandes wäre, wenn es die Methoden der Aufklärung, die es immer so vor sich herträgt, mal auf die kanonischen Texte der Aufklärung selbst anwendet. Ich teile die Aufregung um solche Abwehrschlachten nicht. Da geht es oft schlicht um die Weigerung, einmal die Perspektive derer einzunehmen, die zu lange ausgeschlossen wurden, da geht es oft schlicht um die Weigerung, feministische oder postkoloniale Kritik auch nur denken zu wollen. Das macht sich ja nicht nur an der Debatte um den Kanon fest. Sondern es gibt schon einen Gestus in der Öffentlichkeit, der die Einsprüche und Ansprüche von Angehörigen von Minderheiten diskreditieren und abwehren will. Als zu laut, zu sensibel, zu kleinteilig, zu aggressiv, letztlich als zu mühsam, als dass man sich als Mehrheit damit beschäftigen sollte. Die Haltung, die darin zum Ausdruck kommt, ist so bräsig wie herablassend. Sie suggeriert dauernd: »Wir sind jetzt echt schon wahnsinnig tolerant mit euch gewesen. Nun ist aber auch mal gut!« Als ob man sich doch erst einmal loben wollte, weil zugelassen wurde, dass Homosexuelle heiraten oder Frauen arbeiten dürfen. Oder als ob es eine enorme Leistung sei, dass Schwarze jetzt schon in Talkshows sitzen und mitdiskutieren dürfen. Oder als ob es doch jetzt schon ausreichend Erinnerung an den Holocaust gegeben habe und man das jetzt auch mal abhaken und vergessen könnte. Aber wenn dann Schwarze oder Frauen auch noch Kritik äußern, ist das irgendwie zu viel. Natürlich sind es schmerzliche Lernprozesse, wenn man darüber nachdenkt, wie stark die eigene Geschichte, wie stark der eigene Status aufbaut auf der Ausbeutung oder Ausgrenzung von anderen. Oder welche Geschichte der Gewalt der eigenen Gesellschaft vorausgeht und eben auch noch innewohnt. Wer das nicht als schmerzlich empfindet, hat nicht richtig darüber nachgedacht. Wenn ich mir wirklich vergegenwärtige, in welchem Ausmaß ich als weiße Person immer schon mit eingeschlossen bin in eine Bevorteilung, ist es erschreckend. Und natürlich ist es nicht ganz einfach, sich zu fragen: »Was heißt das denn jetzt für mich?« Was macht meine antirassistische Kritik aus im Verhältnis zur Kritik derer, die auf diese Weise ausgeschlossen werden? Mich erstaunt, wie viel Abwehr es gegen diese Reflexion gibt. Was im Moment statthat, ist, zumindest in Teilen, eine Verweigerung von Empathie, die Verweigerung eines historisch erweiterten Blicks.

Im Idealfall führt die Kritik am Kanon zu einer Pluralisierung und Diversifizierung, im schlechtesten Fall zu einer Parzellierung.

Der Kanon war doch schon immer eine Konstruktion. Als solche war er stets beides: ein historischer Fundus, ein kulturelles Referenzsystem, aber natürlich hatte er immer auch etwas Normatives. Das ist ja der Sinn der Sache. Natürlich ging es darum, zu bestimmen, welche Werke, welche Konzepte, welche Methoden als richtungsweisende gelten sollten. Und dabei wurden immer wieder bestimmte Perspektiven, aber auch Topoi ignoriert und verdrängt. Diese Debatten sehen wir auch heute noch bei Figuren, die nicht hineinpassen oder nicht hineinpassen sollen. Wenn beispielsweise über Judith Butler in den Medien gesprochen wird, so wird Butler gern als Gendertheoretiker:in taxiert. Das ist ja auch richtig. Das beinhaltet das Werk auch. Aber es bleibt dann gern unerwähnt, was für beeindruckende Beiträge zur Ethik, zur Diskurstheorie und zur politischen Theorie auch noch dazugehören. *Hass spricht*, *Psyche der Macht*, *Raster des Krieges*, *Die Macht der Gewaltlosigkeit*, um nur mal ein paar zu nennen. Diese Art von Zuschreibung ist auch ein Versuch der Herabsetzung von Judith Butler als herausragende Philosoph:in der Gegenwart, weil da versucht wird, jemanden in ein mutmaßlich ›randständiges‹ Feld zu sortieren. Insofern würde ich sagen, dass die Vorstellung von einem Kanon immer schon eine war, die auch definieren wollte, was nicht dazugehören darf. Daher ist meine Neigung stets, nach dem vermeintlich Randständigen zu suchen, ganz egal, wie der neue Kanon jetzt definiert wird. Ich entdecke jeden Tag neue Dinge und denke dann: »Es kann ja gar nicht wahr sein, dass ich davon nichts wusste!«

Und wie begegnet man dem Narrativ, dass mit dem Kanon auch eine Orientierung verloren geht?

Zuerst einmal geht es darum, dass die Felder sich öffnen. Das Bild von der Parzellierung ist der Strohmann, mit dem verhindert werden soll, dass sich die Aufmerksamkeiten, die Bezüge, die Geschichten, die historischen Referenzsysteme und Reflexionen pluralisieren. Dauernd wird Pluralisierung als »Spaltung« diskutiert, anstatt zu sagen: Bislang wurde der kulturelle oder soziale Reichtum verkleinert, da wurden Sprachen und Perspektiven amputiert, da wurde uns etwas genommen durch historische Ausgrenzungen und Marginalisierungen. Was sich jetzt verändert, ist zuerst doch mal eine Öffnung und Bereicherung – kein Verlust. Ich halte auch die Auseinandersetzung darüber, was die kritische Re-Lektüre von historischen Texten tatsächlich bedeutet, für enorm spannend. Also die Frage, ob es für mich akzeptabel und aushaltbar ist, etwas Ambivalentes zu lesen, etwas, das ich nur kritisch mir aneignen kann, das aber auch enorm gute und hilfreiche Überlegungen enthält. Das gilt ja auch für die Musik und das Nachdenken über ihre Instrumentalisierung für politische Zwecke oder das Nachdenken über die fragwürdigen Überzeugungen von Komponisten. Oder wie sich das Wissen durch die #MeToo-Debatte auch in der klassischen Musikszene auswirkt auf mein Hören dieser Musiker. Da gibt es nicht mehr schnelle oder eindeutige Antworten darauf, sondern ich denke, es ist eben nötig, sich dem jeweils ruhig und aufmerksam auszusetzen und dann das eigene Hören oder Lesen zu reflektieren. Da ist es gerade das Ausloten der Ambivalenzen, das es intellektuell und emotional interessant macht. Es geht für mich also nicht darum, Texte oder Personen auszuschließen, sondern sie anders, kritisch zu analysieren und zu deuten. Am Ende bleibt vor allem die Erweiterung des Kanons um das, was vorher ausgegrenzt oder ignoriert wurde. Für mich bedeutet das beides: ein neugieriges Staunen, aber auch oft eine Beschämung, was man vorher alles nicht gesehen hat. In meiner Rolle in der Öffentlichkeit versuche ich, Räume zu öffnen oder andere Stimmen und Perspektiven hörbarer zu machen, zu zeigen, was es an anderen Formen der Kritik oder an anderen Erzählungen gibt. Das verlangt ja nicht, die Bezüge, in denen man aufgewachsen ist oder die einen geprägt haben, zu verleugnen.

Wenn Sie Ihre Rolle in der Öffentlichkeit ansprechen: Da hat sich ja im Verlauf der letzten anderthalb Jahrzehnte viel verändert. Was das Schreiben selbst angeht, war es ein Übergang von einem eher reportagehaften zu einem eher essayistischen Schreiben. Wie kam es zu dieser Entwicklung?

Das Reportagehafte hatte natürlich mit dem Reisen zu tun und mit dem Fokus auf Konflikte weltweit. Aber eigentlich war schon da zu merken, sicherlich im Briefbuch *Von den Kriegen* von 2004, dass mir bei der puren Reportage etwas fehlte, dass für mich eine Reportage die eigene Sprecher:innenposition reflektieren muss, dass sie auch transparent machen muss, was man nicht in Erfahrung bringt. Die klassische Reportage, die die Autor:innenschaft verbirgt und diese Behauptung von Objektivität vor sich herträgt, ist unehrlich. Deswegen wollte ich in den Texten mitreflektieren, was die eigene Rolle und die eigene Aufgabe ist. Das bloß szenische Beobachten, das zwar offensichtlich etwas erlebt, aber gleichzeitig suggeriert, es gäbe kein Subjekt, das das erlebt, das sich in der Welt bewegt, sieht, hört oder übersieht und überhört, und das eben diesen Text schreibt, das überzeugte mich nicht. Dieser pompöse journalistische Anspruch der unfehlbaren Objektivität, der prallt an der realen Erfahrung des Reisens in Krisenregionen doch sofort ab. Es ist ja nicht Eitelkeit, wenn die eigene Subjektivität in Reportagen durchscheint, sondern im Gegenteil: Es ist die Einsicht in die eigenen Grenzen, die eigenen Sichtblenden oder die eigene Verwundbarkeit als ein Mensch, der auch bedroht, bedrängt, getötet werden kann. Als Autorin bei der *ZEIT* und vor allem beim *ZEITmagazin* war das möglich. Diese Form der reflektierenden Reportage oder des subjektiven Essays.

Danach haben Sie Essays geschrieben, die sich vom Fokus auf Konflikte weltweit lösten. Was sie eint, ist das Nachdenken über Gewalt und Sprachlosigkeit.

Ja. Ich habe mich dann vom Journalismus entfernt und eher zur Autorin oder Publizistin entwickelt. In den Büchern gab es dann immer noch eine thematische Verbundenheit, wie Sie sagen. Aber die Formen haben sich sehr unterschieden. Das Buch über die RAF, *Stumme Gewalt* von 2008, war von der Form her sicher ungewöhnlich, da der Essay vor allem aus Fragen besteht. *Wie wir begehren* von 2012 war nochmals eine ganz andere Setzung. Das ist ein sehr stark durchkomponiertes Buch, mit unterschiedlichen Erzählsträngen, Motiven, die immer wieder auftauchen und verwandelt werden, es ist sehr viel literarischer als alle anderen Texte von mir. Die Form ist etwas, das ich jedes Mal neu suchen und entwickeln muss. Das hat mit den Stoffen zu tun, den Fragen, die ich verhandeln will. Aber auch mit der Frage, wie sehr bestimmte öffentliche Diskurse sich und alle Sprecher:innen darin verhärtet haben. Wie es nur noch vorgefertigte Wortfetzen gibt, in denen gedacht und empfunden werden soll. In denen individuelle Abweichungen oder Skepsis sogleich als illoyal unter Verdacht gestellt werden. Der Umstand, dass ein Text als Genre ein subjektiver Essay ist, der auch »Ich« sagt und eigene Erfahrungen erzählt oder verhandelt, sollte nie ein depolitisierendes Moment zur Folge haben. »Ich« zu sagen, als Individuum die eigene Position zu artikulieren, kann ein dissidenter Akt sein. Sich einer kollektiven Gleichheitserwartung zu widersetzen, sich einem Tabu, das beschämen soll, zu entziehen und nicht zu verstummen, sondern eben »Ich« zu sagen – das ist eine soziale, eine politische Geste. Bei *Stumme Gewalt*, diesem fragenden, suchenden Essay, der kein Gegenüber hat, weil die sich verweigern, knüpfte es eher an die Form der Meditation in der philosophischen Tradition an.

Die essayistischen Texte haben eine riesige Resonanz ausgelöst, was ja insofern erstaunlich ist, als dem essayistischen Schreiben immer nachgesagt wird, es ziehe weit weniger Aufmerksamkeit auf sich als Romane oder Sachbücher. Haben Sie eine Erklärung dafür, dass das in Ihrem Fall anders war?

Das lässt sich selber schlecht erklären. Aber ich bin dem Fischer Verlag bis heute dankbar, dass er das Wagnis mit einer unbekannten Autorin eingegangen ist und investiert hat. Ohne mit schnellem ökonomischen Erfolg rechnen zu können. Diese Überzeugung, dass sie mich publizieren wollten, dass sie in mir nicht nur ein Manuskript, sondern eine Autorin sahen, die begleitet und betreut gehört, das hat mich damals sehr beeindruckt. Und ich wünsche es anderen, jüngeren Autor:innen. Es stimmt, schon das erste Buch und auch die nachfolgenden Essays haben erstaunliche Resonanz erfahren. Das wünscht man sich natürlich, aber erklären kann man es dennoch nicht.

Vielleicht ist es gerade diese Form des subjektiven Schreibens, die anschlussfähig für eine große Leserschaft ist.

Und es greift Themen auf, die über den wissenschaftlichen Anspruch hinaus eine gesamtgesellschaftliche Bedeutung besitzen. Sie werden nicht in Form einer Studie abgehandelt, sondern vorgetragen von einem Ich, das sich mit allen intellektuellen und sprachlichen Mitteln, die ihm zur Verfügung stehen, diesen Themen aussetzt.

Ja, wobei subjektive Essays nicht assoziiert werden sollten mit narzisstischer Ausbreitung von Intimität. Das wäre falsch. Aber das wird gern von außen unterstellt. In dem Moment, da ein Text »Ich« sagt, gilt er als ›nur‹ autobiographisch und nicht gleichzeitig als ein nach ästhetischen und analytischen Gesichtspunkten gestalteter Text. Das ist so ein Missverständnis. Für mich waren Essays immer auch Versuche, mit oder anhand einer eigenen Erfahrung gesellschaftliche Strukturen und Praktiken zu analysieren. Also die politischen und sozialen Subjektivierungen zu betrachten, denen das eigene Ich nicht nur unterworfen ist, sondern durch die es auch geformt wird. Ich vermute, diese Diskreditierung des subjektiven Essays als angeblich zu privat oder zu intim entspringt mitunter dem Versuch, selbstbewusstes Thematisieren homosexueller Lust zu desavouieren. Es ist auffällig, dass alle möglichen lebensweltlichen Bezüge in der Öffentlichkeit verhandelt und gezeigt werden können – und als legitim oder auch als relevant wahrgenommen werden. Sobald jedoch jemand queeres Leben und Begehren thematisiert, erregt das Unmut. Als seien es irgendwie schlechte Tischmanieren, über Homosexualität zu sprechen oder die immer noch bestehenden Ressentiments gegenüber LGBTIQ* zu adressieren. Als sei es unschicklich und ungezogen, die Bedingungen und Beschränkungen der eigenen Freiheit anzusprechen. Diese heteronormative Form der Zurechtweisung queeren Begehrens versteckt sich dann gern hinter so einem pseudosittlichen Platzverweis: »Das ist bloß privat, das ist zu intim.« Bei meinen Büchern gibt es ganz unterschiedliche Aneignungen des Persönlichen, mal distanzierter, mal näher. Das Buch *Gegen den Hass* von 2016 ist ganz von mir selber weg.

Und in *Ja heißt ja und …* von 2019 ist die Form nochmals eine ganz andere, eine Form verschriftlichter Mündlichkeit.

Ja. Das war sicher das größte Wagnis. Mich zu entscheiden, etwas für eine Lecture Performance zu schreiben. Also etwas, das nicht als Buch gedacht war, sondern als »Spoken Word«-Performance im Theater. Das musste für mich, die ich da auf der Bühne stehen und es sprechen würde, funktionieren. Aber es musste auch für das Publikum funktionieren. Für mich war das einfach die wahrhaftigste Form, über die #MeToo-Fragen nachzudenken. Also mich als Person mit meinem Körper zu meinem Text zu stellen und mich als Autorin auch noch einmal viel angreifbarer zu machen. In *Ja heißt ja und …* versuche ich, die Erfahrungen von sexueller Belästigung und Missbrauch, von häuslicher Gewalt und Misogynie aufzunehmen und auszubuchstabieren. Durch die Performance im Theater, in einem solchen Raum, in dem das gemeinsame Erleben auch ganz anders hörbar oder spürbar wird, auch in den Reaktionen des Publikums, werden die #MeToo-Erfahrungen zumindest etwas aus ihrer Vereinzelung geholt. Bei den Vorstellungen in der Schaubühne habe ich es immer so gehalten, dass ich im Anschluss im Café des Theaters ansprechbar geblieben bin, falls Menschen kommen und reden wollten. Und das ist natürlich etwas ganz anderes, als wenn ich ein Buch schreibe und es dann einfach in die Buchläden geht, oder auch anders als in Lesungen mit Diskussion danach. Das war eine beeindruckende Erfahrung, und ich bin sicher, ich werde dieses Format bei einem anderen Stoff noch einmal versuchen.

Es vollzog sich bei Ihnen ja ganz allgemein eine Diversifizierung der Formate: neben der Lecture Performance mit Musik und Visuals auch viele Reden, eine Kolumne in der *Süddeutschen Zeitung*, ein Podcast im NDR, ein festes Gesprächsformat an der Schaubühne. Aus welchem Bedürfnis heraus haben Sie diese Vielfalt an Formaten vorangetrieben?

Wir müssen ja nachdenken, wie wir in die Öffentlichkeit hineinsprechen wollen, wie wir politisch intervenieren können, in welchen Räumen, mit welchen Mitteln sich Menschen erreichen und berühren lassen, welche Medien, welche Orte eher hohe, welche eher niedrige Schwellen des Zugangs haben. Die letzten Jahre haben da immer wieder neue Möglichkeiten gebracht. Ich will auch in den nächsten Jahren immer noch andere Formen ausprobieren, langsame, schnelle Interventionen, essayistische, künstlerische Formen. Während des ersten Jahres der Covid-19-Pandemie habe ich ein *Journal* geschrieben, also ein tägliches, enorm hybrides Format mit Zeichnungen, eher literarischen, eher politischen Teilen, mit Landkarten und Bildern darin, das dann im Wochenrhythmus publiziert wurde. Das war zwar brutal zeitintensiv und anstrengend, aber als Form eine richtige Entdeckung. Das würde ich gern weiterführen, in anderen Kontexten oder Themenfeldern. Das Gesprächsformat an der Schaubühne mache ich nun seit knapp zwanzig Jahren. Das ist schon unglaublich, zwanzig Jahre … Es ist für mich großartig, weil ich Monat für Monat gezwungen werde, über neue Fragen nachzudenken, und mich in der Vorbereitung auf die Gäste hineinfräsen muss in andere

Wissensgebiete. Ich habe ja ein recht schmales thematisches Feld, über das ich sonst schreibe. Da ist es sehr gut, wenn ich mir immer noch Substanz draufsatteln muss und dadurch verhindere, dass ich selbstgenügsam werde. Es ist sehr viel Arbeit, damit es für das Publikum und für mich selbst etwas bringt. Ich habe ja keine Redaktion, die mir das irgendwie vorsortiert oder bearbeitet. Ich muss da tagelang lesen und denken und dann strukturieren. Das Format heißt absurderweise *Streitraum*, das ist ein Titel, der genau das Gegenteil von dem besagt, was ich da mache. Es geht ausdrücklich nicht ums Streiten, sondern es geht darum, miteinander eine Frage zu erörtern, und nicht, inszenierte Konflikte abzurufen. Das hätte für mich keinerlei Erkenntnisgewinn und würde auch keinen Spaß machen. Die Ambition ist schon, dass wir miteinander nachdenken und natürlich auch Dissense feststellen, aber trotzdem einander zugewandt bleiben. Und dabei kann der *Streitraum* auch immer ein Ort sein, an dem jüngere, andere Stimmen ein Forum bekommen. Dann gibt es als Genre noch die öffentlichen Reden, das ist noch mal anders: Reden sind die einzige Textgattung, die mir wirklich leichtfällt. Beim Redenschreiben hadere ich nicht, da leide ich nicht, es ist das Genre, das mir liegt. Das heißt aber auch, dass ich überhaupt nicht spontan reden kann. Der Klassiker: Es sitzen alle irgendwie an einem Tisch, und jemand muss einen Toast aussprechen, da bin ich die komplette Versagerin (*lacht*). Für mich ist diese Breite an Formaten gut, weil es immer unterschiedliche Arten von Begegnungen und unterschiedliche Arten von Auseinandersetzungen sind. Was mir momentan fehlt, ist das Reisen. Das muss ich schon sagen. Also rauszugehen und stärker in der Rolle der Zuhörenden zu sein. Wenn ich im Moment irgendwohin gehe, um zu diskutieren, bin ich diejenige, auf die sich der Fokus richtet. Wenn ich woandershin gehe, dann geht es um andere. Das liegt mir mehr.

Mittlerweile sind Sie selber zu einer Referenzfigur geworden, die für einen bestimmten Diskurs steht und einen großen Resonanzraum hat. Was macht solche Macht mit einem?

Mein Schreiben selbst hat sich dadurch nicht verändert. Aber welches Echo es findet oder was es für andere bedeutet, ist nicht so leicht einzuordnen. Manche Erwartungen von außen muss man annehmen, weil eben eine größere Sichtbarkeit auch größere Verantwortung bedeutet. Ich kann anders fürsprechen, anders mich einsetzen für andere, anders appellieren als andere. Allerdings muss man diese Erwartungen auch immer wieder unterlaufen. Weil man sonst kein normales Leben mehr hat. Ich versuche, mich den Zuschreibungen von außen auch immer wieder zu entziehen.

Indem Sie ...

Na, es beginnt damit, dass ich erst mal zusehe, dass ich höflich und zugewandt durch den Tag gehe. Und dass ich das Bild, das von außen entsteht, gar nicht erst zu sehr in das Selbstbild integriere. Manches fällt mir als Typ auch gar nicht so leicht.

Zum Beispiel?

Am Anfang, wenn Leser:innen auf mich zukamen und ein Selfie wollten, war mir das enorm unangenehm. Ich bin ja nicht Mario Götze. Mir war das peinlich, und ich habe dann so drucksend abgelehnt. Aber das wird als schroff empfunden. Mittlerweile mache ich das jetzt brav und versuche zu verbergen, wie unangenehm mir das ist. Aber es dominiert sonst doch sehr das Gefühl der dankbaren

Freude, wie viel Resonanz es gibt. Was wünscht man sich mehr, als dass Menschen sich auseinandersetzen mit dem, was man schreibt? Oder dass manche Bücher einigen wirklich viel bedeuten. Bei *Wie wir begehren* war das sicherlich so. Das ist schon beeindruckend, wie lange es bereits unterschiedliche Generationen von LGBTIQ*, aber auch deren Eltern oder Familien in vielen verschiedenen Ländern und Sprachen anspricht. Zu keinem Buch erhalte ich so viele Briefe von Menschen, die erzählen, wie dieser Text eingegriffen hat in ihr Leben. Das war sicherlich eines der Motive, ein Buch über homosexuelles Begehren zu schreiben: Ich wollte, dass Menschen nicht so aufwachsen wie ich, ohne Texte, ohne Vorlagen, ohne Bilder, wie ein homosexuelles Leben aussehen könnte. Ich wollte ein Buch schreiben, das auch vom Schmerz und von der Einsamkeit erzählt, die durch dieses Amalgam aus Ressentiment, Tabus und Gewalt entstehen, aber eben auch von der Lust, dem Glück, der radikalen Freiheit. Ich wollte ein Buch schreiben, das es anderen leichter machen würde, so zu lieben und zu leben, wie sie/wir sind. Und wenn das gelungen sein sollte, bin ich wahnsinnig dankbar.

Gibt es auch etwas, das Sie belastet in dieser Rolle als öffentliche Intellektuelle?

Ja. Vorweg gilt: Zu wissen, dass das eigene Wort oder die Auftritte aufmerksamer verfolgt werden, hemmt auch. Wobei man das unterscheiden sollte nach den Belastungen, die aus Zuspruch, und denen, die aus Anfechtung resultieren.

Welche entstehen denn aus Zuspruch?

Die Texte sprechen manche Leser:innen sehr direkt an, sie sehen in den Büchern eine Art Komplize für eigene Erfahrungen oder Überzeugungen, die sonst in unserer Gesellschaft eher verdrängt oder beschwiegen werden. Das eröffnet einen imaginären Dialog zwischen Text und Leser:innen, und das ist großartig. Aber durch die Themen, über die ich schreibe, finden viele ihre eigenen Erfahrungen mit Ausgrenzung und Gewalt, Missbrauch und Traumatisierung gespiegelt. Das generiert dann manchmal die Erwartung, ich könnte Not lindern oder psychologische Hilfe leisten. Da gibt es eine Projektion, die sicherlich viele andere Schriftsteller:innen auch kennen, diese Hoffnung, die auf einen gerichtet wird. Ich nehme das sehr ernst. Mich treibt auch die Bedürftigkeit, die da aufscheint, um. Aber es ist auch eine Überforderung. Das belastet, weil man sich permanent ungenügend fühlt und dennoch weiß, dass es nicht zu leisten ist. Dieses Sich-schützen-Müssen vor Erwartungen und Projektionen und gleichzeitig zu verstehen, warum sie sich auf einen richten, aus welchen gesellschaftlichen Strukturen heraus sie überhaupt entstehen, das ist belastend.

Und die andere Sorte von Belastung?

Zunächst ist da dieses antizipierende Überlegen, was missverstanden werden könnte, welche unerwünschten Folgen ein dahingeworfenes Wort haben könnte. Das ist in Zeiten, in denen alles aufgezeichnet und gestreamt wird, in denen aus längeren Kontexten einzelne Fetzen herausgenommen und mutwillig entstellt werden können, noch einmal beunruhigender. Es ist ja nicht so, dass da nur mit wohlwollender, kluger, genauer Hermeneutik in der Öffentlichkeit agiert würde. Sondern da werden auch machtvolle Auseinandersetzungen um Deutungshoheiten, um Sprecher:innenpositionen, um gesellschaftliche und internationale Konflikte geführt. Ich werde da nicht als neutrale Figur wahrgenommen. Bin ich auch nicht. Ich verteidige die Menschenrechte, ich verteidige den Rechtsstaat, ich verteidige die kritische Reflexion auf Auschwitz, ich verteidige kosmopolitisches Denken. Man sollte annehmen, dass das als klassischer Universalismus wahrgenommen werden könnte. Aber gerade das wird ja im revisionistischen, rechten Diskurs weltweit angefochten. Und natürlich bin ich dann auch eine queere Intellektuelle, die sich sichtbar und hörbar gegen Rassismus, Antisemitismus und Homo- und Trans*Feindlichkeit stellt. Ich bin da wie alle anderen, die sich in der Öffentlichkeit gegen die autoritären, rechtsradikalen Bewegungen stellen, sofort als Gefahr ausgemacht. Das betrifft ja nicht nur mehr und minder prominente linke Autor:innen oder Politiker:innen, sondern diese Anfeindungen, aber auch systematischen Versuche der Einschüchterung und Bedrohung kennen alle aus der antifaschistischen Aktivist:innen-Szene, von Pastor:innen, die sich in der Gemeindearbeit für Geflüchtete einsetzen, bis hin zu Buchhändlern, die Programme gegen rechts machen. Wir alle leben mit und gegen diese Allianz aus menschenverachtenden, antidemokratischen Bewegungen. Man kennt ja nur ein paar von diesen Feindeslisten, die mal öffentlich geworden sind, aber natürlich macht das was mit einem, wenn man weiß, dass man da erfasst ist.

Feindeslisten?

Ja, Feindeslisten. Das hat eine widerwärtige Tradition. Schon der nsu hatte solche Listen angelegt. Es sind Register der Feindschaft, Archive derer, die von rechtsradikalen Netzwerken als Gegner wahrgenommen werden. Sich als Gegner zu qualifizieren, ist leicht, wenn man nur halbwegs demokratisch und humanistisch denkt. Es reicht, sich gegen Islamophobie und Rassismus zu wehren, es reicht, sich für die Rechte von Geflüchteten einzusetzen, aber es reicht auch, ›bloß‹ jüdisch oder homosexuell zu sein. Diese Listen werden als Vorbereitung für den Tag X begriffen, jenen Tag, an dem die autoritäre, rechte Bewegung die Macht übernehmen will. Dann soll ›gesäubert‹ werden, und das beginnt eben mit diesen Feinden. Manche sind mit Namen und Adresse aufgeführt, andere nur mit Namen. Weswegen es eben nicht nur als Bedrohung in einem vagen, nie eintreffenden Später funktioniert, sondern schon jetzt. Als homosexuelle Person weiß ich ohnehin um die eigene Verletzbarkeit. Wie fragil die eigene Position ist, wie potenziell unerwünscht und eben bedroht ich mit meiner Freundin oder mit anderen Freunden zusammen auf der Straße bin, das denkt man immer mit. In der gegenwärtigen politischen Situation, in der es diese rechtsradikalen, autoritären Bewegungen und Gruppierungen gibt, verschärft sich das noch.

Wie geht man damit um? Stumpft man irgendwann ab, oder trifft es einen immer wieder von Neuem?

Das ist in einem und setzt einem zu. Auch wenn ich versuche, mich auf manche Foren oder Konflikte gar nicht erst einzulassen. Das zieht ja auch immer Energie ab. Ich meide auf sozialen Medien eskalierende Kontroversen. Ich habe in unserem ersten Gespräch beschrieben, dass mir Mob Angst macht. Und der macht mir auch im Digitalen Angst. Es gibt Personen, die für mich schauen, ob es dort Anfeindungen gibt, die angezeigt gehören oder die bedrohlich wirken. Aber ich lese das nicht. Pures Gift. Manche Gegnerschaft ist ja auch ›berechtigt‹. Ich stehe tatsächlich für etwas anderes als die AfD. Aber natürlich kriege ich auch Post, wo drinsteht: »Leute wie Sie sollten deportiert werden.« Es wird gern vergessen, dass es ein tiefes, bitteres Ressentiment gegen Homosexualität gibt.

Das hat nicht nur eine lange Geschichte der Ausgrenzung und Verfolgung, das existiert nicht nur in Polen oder im Iran, sondern hier und jetzt. Es gibt diesen wirklich ignoranten Gestus, der so tut, als gäbe es doch keine Marginalisierung von Menschen, die so begehren wie ich. Da wird mit einer bemerkenswerten Nonchalance so getan, als gäbe es doch gar keinen Anlass mehr für Kritik, als gäbe es keine Diskriminierung, keine Pathologisierung, keine Verletzungen. Als ob ein Berliner Bürgermeister oder eine Ehe für alle allen Hass und alle Abscheu ausgemerzt hätten. Da gibt es wirklich viel Unwissen und dann auch viel absichtsvolles Wegschauen. Es gibt zwei Formen von Marginalisierung: Die eine grenzt bewusst aus, setzt herab und stigmatisiert. Und dann gibt es eine Form von Marginalisierung, die darin besteht, dass man so tut, als gäbe es gar keine Marginalisierung. Das geschieht häufig gegenüber LGBTIQ*-Personen, aber auch gegenüber Schwarzen, dass so getan wird: »Was habt ihr denn? Ihr habt doch alles!« Als ob es nicht soundso viele Länder gäbe, in denen Menschen, die so lieben wie ich, weggesperrt oder gehängt oder erschlagen werden. Als ob es nicht eben auch hier bei uns immer noch und immer wieder Anfeindungen und Ausgrenzung gäbe.

Hadern Sie manchmal mit Ihrer öffentlichen Rolle?

Ja. Ich weiß nicht, was das über mich aussagen würde, wenn ich nicht damit haderte. Man muss schon komplett einen an der Waffel haben, wenn man es normal und angemessen findet ... Aber es wäre unverzeihlich, wenn ich die damit verbundenen Möglichkeiten und Aufgaben nicht annehmen würde. Natürlich spielt es eine Rolle, ob es da jemanden in der Öffentlichkeit gibt, die widerspricht, die die Perspektiven aus anderen Weltgegenden artikuliert, die sich hinstellt mit einer humanistischen Haltung, aber eben auch als queere Intellektuelle, und einen bestimmten Raum besetzt – und dann dafür auch angegriffen oder kritisiert wird. Ist mir das manchmal zu viel? Ja. Würde ich mich manchmal gern aus dieser immer aggressiveren, dogmatischen Arena zurückziehen? Ja. Aber bei Brecht heißt es in einem Vers: »Betrachte nicht immer deine paar Narben.« Das muss man sich dann auch sagen. Andere nehmen ganz anderes auf sich für ihr Denken und Schreiben. Vor allem aber erlebe ich eben auch sehr viel Dankbarkeit.

Da wir über verschiedene Herkünfte und Lebensabschnitte und Schreibphasen gesprochen haben: Wo in Ihrer Entwicklung sehen Sie sich heute?

Na, ich bin jetzt nicht mehr die junge, unbekannte Autorin, die über unbequeme, düstere Themen schreibt. Ich bin Anfang fünfzig, und da interessiert mich nicht nur die Generation über mir, sondern ich schaue mir an, was ich von den Jüngeren lernen kann. Ich habe eine wahnsinnige Lust auf die nächste Generation von Autor:innen. Wenn ich sehe, mit welcher Chuzpe und mit welcher Wucht sie schreiben und sich in der Öffentlichkeit bewegen, denke ich: »Boah, Wahnsinn, wenn ich so gewesen wäre mit dreißig.« Es gibt viele Autor:innen, die ich mitverfolge und dabei denke, großartig, dass es sie gibt, wie Enis Maci, Sasha Marianna Salzmann, Senthuran Varatharajah, Sharon Dodua Otoo oder Lena Gorelik. Aber deswegen höre ich nicht auf, Durs Grünbein oder Frank Witzel zu lesen. Je älter ich werde, desto aufregender finde ich das Lesen, weil es natürlich an viel mehr bereits Gelesenes anschließt. Man denkt immer, Literatur und Philosophie hätten besondere Wirkung, wenn man jung ist. Ich würde es andersherum sagen. Ich würde sagen, dass Texte mich heute viel mehr durchrütteln und durcheinanderwerfen, gerade weil sie sich zu so vielen anderen Punkten verbinden lassen. Und das, würde ich sagen, gehört zu den aufregenden Dingen am Älterwerden.

ÜBER MUSIK UND BEGEHREN

Drittes Gespräch

Wenn man Ihre Texte liest, wird einem schnell klar, und zwar an vielen unterschiedlichen Stellen, dass die Musik für Sie eine eminente Bedeutung besitzt. Und irgendwann fragt man sich: Warum sind Sie eigentlich nicht Musikerin geworden?

Die Antwort ist sehr, sehr einfach: Ich wäre viel lieber Musikerin als Autorin geworden.

Lieber?

Ja. Aber dafür bin ich eindeutig zu wenig begabt. Insofern war da gar nicht dran zu denken! Ich habe alle möglichen Instrumente ausgesprochen mittelmäßig gespielt, ich habe auch nicht genügend geübt, um ein ernsthaftes Niveau zu erreichen. Vielleicht ein Hinweis darauf, dass eben Passionen nicht ausreichend sind, zumindest für die Praxis des Musizierens. Aber ich stelle es mir sehr viel beglückender vor als das Schreiben, weil das Musizieren eben auch im Miteinander herstellbar ist.

Glauben Sie, dass Ihre Palette an Ausdrucksmöglichkeiten als Musikerin größer wäre?

Gute Frage. Das weiß ich nicht. Die Ausdrucksmöglichkeiten sind im Schreiben schon endlos, aber es ist eine ungeheuer einsame Tätigkeit. Und bei dem Themenspektrum, das ich habe – außer in *Wie wir begehren*, einem Buch, das Freude und Lust vermitteln wollte, auch Lust an der Musik –, sind es eher schwere oder belastende Fragen, die mich umtreiben. Insofern bringe ich ja kein Glück. Und das tun Musiker eben schon! Unter anderem dadurch, dass sie *miteinander* etwas erzeugen können. Jedes Mal, wenn ich gemeinsam mit Musiker:innen ein Programm hatte – mit der Cellistin Anja Lechner bin ich zusammen aufgetreten und habe aus *Gegen den Hass* gelesen, mit Igor Levit bin ich zusammen aufgetreten und habe Warlam Schalamows *Erzählungen aus Kolyma* gelesen, und mit der Sopranistin Anna Prohaska und dem *La Folia*-Barockorchester haben wir einen ganzen Abend zu »Hoffnung und Trauer in Zeiten der Pandemie« gemacht –, dann war das eine ganz andere Bühnenerfahrung, weil es dieses zusätzliche, ganz andere Glück des kreativen Miteinanders gibt. Zu spüren, wie etwas Besonderes entsteht, wie man sich gegenseitig verbessert oder vertieft … Aber die Frage galt ja den Ausdrucksmöglichkeiten, und da ist das Schreiben für mich das Richtige, auch weil es etwas Kathartisches hat. Man schreibt auch, um sich etwas anzunähern, an das man sich anders nicht wagen würde, man schreibt auch, um etwas Unbegreifliches zu durchdringen, um den Dingen einen Namen zu geben, man schreibt auch, um vermeintlich Eindeutiges undurchdringlicher, komplexer, ambivalenter zu machen, um vermeintliche Gewissheiten zu verunsichern, man schreibt auch, um andere Vokabularien zu entdecken, die zarter und präziser sind … Wenn es gelingt, dann fühlt es sich befreiend an.

Vielleicht ist es kein Zufall, dass das Buch, das Sie soeben als Ihr lustvollstes bezeichnet haben, auch dasjenige ist, in dem es am deutlichsten, am ausdrücklichsten um Mu-

sik geht. Es gibt darin einen Satz, der mir ins Auge gesprungen ist: »Die schönsten Momente meiner Kindheit waren die, die mit Musik verbunden waren.« Können Sie das ein wenig ausmalen?

Ich weiß gar nicht, woher es kommt, ob es einem einfach mitgegeben ist, aber es gibt schon eine Berührbarkeit durch die Musik. Und die war immer da. Ich war immer unmittelbar und tief durch Musik berührbar. Wobei das, wie gesagt, nichts mit eigenem Musizieren zu tun hat, oder nicht primär. Ich habe auch gesungen im Chor oder Querflöte gespielt. Aber ich meine hier vor allem das Glück des Hörens, und zwar des Live-Musikhörens, nicht ab Konserve oder im Radio. Das gab es bei uns auch nicht so viel. Später, als ich Teenagerin war, habe ich zwar auch angefangen, mehr Musik von Schallplatten, wie das damals noch war, zu hören, aber das wirklich tiefe Glücksmoment ist: im Konzertsaal zu sitzen, wenn das Geräusch anhebt, wenn die Musiker gerade erst Platz genommen haben und ihre Instrumente stimmen oder einzelne Passagen anspielen. Dann bin ich schon verzaubert. Ich kriege feuchte Hände, wenn ich nur darüber spreche.

Sie haben sich einmal als »akustischen Menschen« bezeichnet. In *Wie wir begehren* heißt es: »Meine Welt besteht aus Stimmen und Tönen und Geräuschen und vor allem aus Musik, ich bin ein akustischer Mensch, dafür sehe ich nichts.« Was bedeutet es, ein akustischer Mensch zu sein?

Es bedeutet beides, ich bin tatsächlich kein visueller Mensch. Ich sehe auch nicht besonders gut. Ich kann überhaupt nicht räumlich sehen, gar nicht, konnte es noch nie. Ich sehe die Welt immer wie ein Foto.

Also flach.

Ja. Ich kann nicht dreidimensional sehen. Ich bin dann zusätzlich auch noch kurzsichtig. Ich hatte auch schon Netzhautablösungen an beiden Augen, Operationen an beiden Augen. Aber das sind eher die mechanischen Dinge. Entscheidender ist, dass ich auch ein sehr schlechtes visuelles Gedächtnis habe. Ich könnte nicht sagen, was Sie heute anhatten, wenn Sie rausgehen. Das ist für jemanden, die Reportagen schreibt, eine ziemliche Katastrophe. Und ich muss auch sagen, dass mir die bildende Kunst sehr, sehr lange nicht zugänglich war. Es ist bis heute nur ganz vereinzelt, was ich da wahrnehme oder was mich interessiert oder wozu ich einen Bezug herstellen kann. Ich brauche bei bildender Kunst immer auch Texte (*lacht*), bei den meisten Kunstwerken zumindest. Das ändert sich zwar, nach und nach, aber ich bleibe wirklich durch und durch ein akustischer Mensch. Ich habe ein großes Sensorium für Geräusche, für Töne, für Stimmen. Ich lege sie auch in mir ab – wie andere Bilder in einem inneren Archiv sammeln, so sind das bei mir noch mehr Geräusche oder Töne. Ich kann mir auch bei Gesprächen sehr genau merken, was jemand sagt und wie es gesagt wird, im Unterschied zur optischen Erinnerung, also wie der Raum aussah, in dem wir saßen. Ich habe auch die Neigung, dass ich oft, wenn ich irgendwo bin, ganz still werde und horche, welche verschiedenen einzelnen Geräusche ich gerade hören kann. Ich übe hören, oder ich prüfe mein Hören, in allen möglichen Alltagssituationen. Was nun aber die Musik im engeren Sinne betrifft, gab es bei mir immer viele verschiedene Zugänge, über die unmittelbare Hörerfahrung hinaus, wie man sie im Konzert erlebt. Ich hatte am Gymnasium einen exzellenten Musikunterricht, über den ich auch in *Wie wir begehren* geschrieben habe. Darüber habe ich schon als Schülerin auch einen analytischen Zugang zu Musik vermittelt bekommen. Insofern ist für mich die Musik nicht nur eine akustische Erfahrung, sondern immer auch ein Text, der geschrieben ist, eine Komposition, die gebaut ist, etwas, das man in Einzelteile aufschlüsseln und analysieren kann. Und diese Grundlage ist bei mir einmal gelegt worden. Nicht, dass ich mir das alles gemerkt hätte oder dass ich jedes Mal, wenn ich etwas höre, das immer sofort aufrufen könnte. Aber für mich ist die klassische Musik, wenn ich meine Schulzeit betrachte, neben der Philosophie das wichtigste analytische Instrument gewesen, das ich gelernt habe.

Darauf will ich gleich zurückkommen, möchte aber noch kurz beim akustischen Menschen bleiben. In Ihrem Buch *Von den Kriegen* erzählen Sie, dass Sie am 11. September 2001 – eigentlich ferienhalber – in New York waren und die Terroranschläge auf die Twin Towers miterlebten. Und da gab es einen Moment, an den Sie keine akustische Erinnerung haben.

Das Einstürzen der Türme.

Sie hörten keine Geräusche. Das hat mich nachdenklich gestimmt, weil es ein Aussetzen der für Sie ja offenbar primären Wahrnehmungsform ist. Können Sie sich diesen Moment im Nachhinein erklären?

Ich vermute, das ist der Schock. Ich kann noch nicht einmal sagen, ob ich es in dem Moment selber nicht gehört habe. Das halte ich eigentlich für ausgeschlossen. Ich gehe davon aus, *dass* ich es gehört habe. Aber ich habe in der Erinnerung dieser einstürzenden Türme keinen Ton. Ich nehme an, dass diese Situation so überwältigend, so traumatisierend war, dass ich das Medium meiner Wahrnehmung, das am tiefsten in mich hineinreicht, herausgezogen habe, psychisch. Aber ich kann es nicht beweisen, es ist nur eine retroaktive Deutung. Das ist ja schwierig bei einem Ereignis, das medial so überlagert ist, bei dem man auch ständig aussortieren muss, welche die Bilder sind, die man selber gar nicht gesehen hat, sondern erst nachher, die man mit der Zeit aber für eigene hält. Ich würde behaupten, dass ich in bestimmter Hinsicht viel weniger gesehen habe als die Fernsehzuschauer, die den Anschlag am Bildschirm verfolgt haben. Jedenfalls kann ich bis heute kein Geräusch dazu aufrufen, auch keines, das ich vielleicht später medial gehört habe, sondern dieses Bild hat für mich keinen Ton.

Das ist schon interessant, auch vor dem Hintergrund dessen, worüber wir in einem früheren Gespräch geredet haben. Die Geschichte vom Kaffeebecher. Eine traumatische Erfahrung, die sich dadurch zeigt, dass eine Verschiebung stattfindet, zum Beispiel auf ein Objekt, das für Außenstehende eine absurd nebensächliche Bedeutung hat angesichts eines vierhundert Meter hohen Gebäudes, das einstürzt. Und hier die Überwältigung durch eine Erfahrung, die den für einen selbst bedeutsamsten Sinn außer Kraft setzt.

Ja, wobei ich auch am Tag der Ermordung meines Patenonkels Alfred Herrhausen durch die RAF einen Bruch in der Erinnerung erlitten habe. Und zwar in dem Moment, als ich dort an der Anschlagstelle eintraf. Da gibt es einen Riss: Ich erinnere mich, wie ich da hinkomme, ich erinnere mich auch, dass da die Feuerwehr stand – und dann setzt meine Erinnerung wieder ein in dem Moment, da mir irgendjemand eine Tasse Tee gegeben hat oder ein Wasser und ich irgendwo saß.

Das sind aber zwei ganz unterschiedliche Fälle, oder nicht?

Ja.

Das eine ist ein Riss, das heißt ein Aussetzen der Wahrnehmung, oder zumindest der erinnerten Wahrnehmung, und das andere ist eine Spur, die fehlt, eine Aufzeichnungsspur.

Absolut! Das sind zwei verschiedene Fälle. Und ein dritter Fall wäre noch einmal ein ganz anderer, weil da gar kein Riss ist oder eine fehlende Spur, sondern eine Art Begriffsstutzigkeit, die ich von sehr vielen anderen Reisen kenne und dann auch anders analysiert habe. Extremsituationen – darüber haben wir schon gesprochen, weil es Primo Levi auch beschreibt – stellen nicht nur ein moralisches oder emotionales, sondern auch ein kognitives Problem dar. Es gibt Ereignisse, ich kenne es von mir selbst, die einen so erschüttern, dass sie erst mit einer Zeitverzögerung überhaupt begriffen werden können.

Können Sie Beispiele nennen?

Viele. Vielleicht eines, das leicht nachzuvollziehen ist: Ich war mit Sebastian Bolesch zusammen in Haiti, kurz nach dem Erdbeben. Das schiere Ausmaß der Zerstörung zu begreifen – es überstieg alle Vorstellung. Es dauerte, bis wir verstanden, da sind jetzt nicht nur ein paar Gebäude zerstört und auch nicht nur ein paar Straßen, sondern da ist noch ein Viertel und noch ein Viertel und noch ein Viertel, unabsehbar. Und es war auch in New York so, als der erste Turm schon eingestürzt war. Das heißt, mein Gehirn hätte verstehen müssen, dass das geschehen *kann*, und dann hätte man annehmen können, dass der zweite Turm vielleicht auch noch einstürzen wird. Aber ich habe das in dem Augenblick nicht für möglich gehalten. Da hinkt das Verstehen einem solchen Extremereignis eben hinterher.

Kommen wir zurück zur Musik. Wir haben die Frage schon gestreift, aber ich würde sie gerne vertiefen, die Frage nach den verschiedenen Möglichkeiten, die die Musik Ihnen aufgezeigt hat. Um bei den intellektuellen Dimensionen anzufangen: Man bekommt aus Ihren Texten den Eindruck, die Musik könne so etwas sein wie eine Schule des Denkens. Sie sprechen von einer Suche nach Motiven, die sich wandelt und erweitert zu einer Suche nach Strukturen. Sie sprechen davon, dass die Musik Sie gelehrt habe, das herauszuhören, was unter der Melodie des Gesprochenen liegt, was den Takt vorgibt, was die Stimme begleitet. Sie verwenden dazu auch die Metaphoriken des *basso continuo* oder der linken Hand. Und Sie sprechen davon, Sie hätten über die Musik erst gelernt, was Lesarten und Spielarten eines Textes sind. Was ist das für ein Denken, das die Musik Ihnen mitgegeben hat? Und vielleicht auch: Was ist das für ein Sprachverständnis, das sich so eng anlehnt an die Musik?

Ich bin immer befangen, wenn ich über meine Liebe zur Musik oder über meine Vorstellung von Musik oder über meine Erfahrungen mit Musik sprechen soll, weil ich weiß, dass klassische Musik diejenigen, die damit keine Berührung hatten, abschreckt. Ich kann das auch gut verstehen. So viel an der Welt der klassischen Musik ist bürgerlich normiert, es gibt all diese Codes und Konventionen, die soziale Ausschlüsse produzieren. Dazu vielleicht später. Aber dann ist da auch die Angst vor der Musik selbst. Viele denken, das Hören sei voraussetzungsvoll, sie müssten viel wissen oder kennen – auch das schreckt ab. Und dann kommt noch so jemand wie ich daher und tut so, als sei diese Musik das Coolste, Aufregendste, Befreiendste von der Welt. Deswegen möchte ich am Anfang einmal sagen, dass man klassische Musik auch hören kann, ohne irgendetwas von dem nachzuvollziehen, wovon wir beide jetzt sprechen. Das ist mir sehr wichtig, weil klassische Musik mehr und mehr zu einem Statussymbol geworden ist, mehr und mehr zu etwas geworden ist, was sich der sozialen Herkunft verdankt und nicht der gelebten Bildung in der Schule. Es ist mir total wichtig, das vorneweg zu sagen. Man kann klassische Musik hören, ohne irgendetwas von dem zu wissen, worüber wir jetzt sprechen.

Wobei der klassische Musikbetrieb ja auch einiges dazu beiträgt, diesen Status zu zementieren. Wenn ich an die Steifheit der Konzertatmosphäre denke …

Ja, klar! Gerade deswegen will ich betonen, dass das, was ich hier sage, meine Passion für die klassische Musik erläutert, aber nicht als Mechanismus der Exklusion funktionieren darf. Ich habe ja auch eine Passion für Fußball, die ist nur sozial weniger fragwürdig. Also, das alles vorweg. Ich habe eben in der Schulzeit Musik als Struktur entdeckt, in der es Themen gibt, die dann imitiert und variiert werden im Verlauf einer Komposition, dass ganz unterschiedliche Themen sich zueinander verhalten können, dass sie sich brechen und umkehren lassen, auch das dialogische Moment, wenn man so will, dass ein bestimmtes Motiv eingeführt wird und dem dann eben geantwortet wird mit einem etwas anderen. Diese musikalische Sprache zu entdecken, hieß für mich auch zu lernen, dass die Abweichung so wichtig wie die Norm sein kann, dass sie Teil dessen sein kann, was vorgesehen ist. Und darin lag eine ungeheure Befreiung. Das andere, was ich über die Musik gelernt habe, ist die Geduld: die Geduld des Hörens, wie sich Themen entwickeln, wie Motive sich verwandeln können, wie sich Strukturen aufbauen und wie sie unterlaufen werden können. Zur Geduld des Hörens gehört übrigens auch, dass man etwas hört, das man zunächst noch nicht richtig versteht oder mit dem man nichts anfangen kann. Um es dann noch mal zu hören. Und noch mal zu hören. Und noch mal zu hören ...

Also eine Form von Hingabe.

Ja, eine Form von Hingabe oder Konzentration, aber auch die Nachsicht sich selber gegenüber, wenn man etwas nicht sofort versteht. Und das gilt natürlich für das Zuhören allgemein, für die Begegnung mit Menschen, mit anderen Erfahrungen, die sich nicht sofort erschließen, mit anderen politischen Überzeugungen und anderen Arten zu leben. Ich glaube, dass die Musik für mich vorbildhaft war und bleibt für das Verstehen von sozialen Strukturen. Musik zu hören, bedeutet ja nicht einfach, einen Kanon kennenzulernen und ihn dann abzuhören, sondern es bedeutet, von sich selber immer wieder neue Hörerlebnisse abzufragen, immer wieder etwas zu entdecken, das sich einem erst einmal nicht erschließt oder worüber man erst einmal irritiert ist. Es gibt ja richtige Nerds für klassische Musik, die alle Aufnahmen datieren können und bei jeder Komposition alle historischen Hintergründe kennen. Ich habe keinerlei Neigung dazu. Das geht mir völlig ab. Übrigens auch beim Fußball. Ich bin auch nicht gut darin, ein bestimmtes Werk im biographischen Kontext des Komponisten zu verorten. Gar nicht. Mich interessiert wirklich die Musik! Teju Cole zum Beispiel, einer der wenigen Autoren, mit denen ich über Musik sprechen kann, weil es gar nicht so viele Freund:innen gibt bei mir, die diese Passion teilen, der ist sehr viel nerdiger als ich.

Dann ist es bei Ihnen eher ein Interesse an der Musik als einem absoluten Text, in dem alle Möglichkeiten des Sich-Veränderns und Sich-zueinander-Verhaltens vorgeführt und durchgespielt werden, in Form von Spiegelungen, Umkehrungen, Polyphonien, Kontrapunkten …

Ja, aber ich habe schon an beidem Interesse. Ich habe Interesse an der direkten Erfahrung des Hörens, am Berührtsein durch Musik. Ich kann sie allerdings nicht nur durch mich hindurchrauschen lassen. Ich habe auch ein Interesse an Formen. All mein Interesse an Formen, an Strukturen, an Ordnungen, an allem, was gebaut ist, habe ich aus der Musik. Das wirkt sich auch auf mein Schreiben aus. Alle meine Texte sind gebaut. Und insofern ist die Faszination an der Musik nicht nur auf das Soziale bezogen, sondern auch auf das Denken überhaupt. Die Philosophie ist ja eine Lehre, in Strukturen und Formen zu denken, aber die Musik eben auch. Und vielleicht sollte ich noch eine Sache hinzufügen: Für mich war die Musik auch Pluralisierung, eine Vielfalt, eine Heterogenität von Herkünften, Sprachen, Zugangsweisen, Sexualitäten. Wenn man Musik hörte, war man dem permanent ausgesetzt in der Musik selbst, aber auch in den Figuren, die man hörte, es gab die ganze Zeit eine heterogene Vielstimmigkeit, der man sich gar nicht entziehen konnte. Das heißt, dass die Art und Weise, wie Pluralität heute als Gegensatz zu Universalität aufgebauscht wird, und auch die Art und Weise, wie Vielfalt als Gefahr beschrieben wird, völlig undenkbar sind, wenn man mit Musik aufgewachsen ist und aus der Musik kommt.

Insofern ist es auch nicht erstaunlich, dass Sie häufig über Musik in einer politischen Dimension sprechen. Dabei steht die klassische Musik nicht gerade im Verdacht, besonders politisch zu sein.

Ja, wobei ich glaube, dass das ungerecht ist. Musik mit ihren verschiedenen Formaten, den Stoffen, die in Liedern oder Opern verhandelt werden, sie bergen auch subversives Potenzial, sie erzählen auch von unmöglichen oder unerwünschten Beziehungen, sie zeigen Außenseiter und natürlich immer wieder soziale, emotionale, politische Konflikte. Ich muss allerdings zugeben, dass mir Oper speziell nun gar nicht besonders liegt. Ich habe zur Oper als Genre keinen richtigen Zugang. Ich finde konzertante Aufführungen dagegen ganz hervorragend (*lacht*). Ich habe eher eine Vorliebe für kammermusikalische Formationen. Aber wenn wir wieder politisch sprechen: Das Entsetzliche ist doch, dass klassische Musik auch ein Instrument der Distinktion ist. Sie ist auch ein Sich-Abschotten des bürgerlichen Milieus. In diesem Sinne würde ich auch nicht sagen, dass man sie mögen muss oder dass man sie hören muss. Ich kann nur für mich sagen, dass ich die radikalste Vorstellung von Freiheit aus der Musik habe. Und es gibt schon die Traditionslinien von Musiker:innen oder Komponist:innen, die sich ausdrücklich politisch verstanden haben, die bewusst nicht nur andere Orte suchten, wo sie musizierten, sondern auch andere Stoffe, die sie bearbeitet haben, andere Themen, die sie aufgenommen haben, andere künstlerische Risiken, die sie eingegangen sind. Und natürlich verstehe ich mich selbst genau in dieser Hinsicht.

Wie könnte man diese Distinktion abbauen?

Ich denke beispielsweise an Leonard Bernstein mit seinen pädagogischen Formaten. Ich wünschte, es gäbe mehr Leute, die das machen und das leisten können. Aber es gibt auch in der klassischen Musik eine politisch dissidente, kritische Praxis, und es gibt auch in der Gegenwart Figuren, die sich gegen diese Form von Reproduktion einer sozialen Klasse stemmen, einer sozialen Klasse, die sich absondert von allem anderen durch klassische Musik.

Wenn Sie über Musik schreiben, heben Sie häufig Begrifflichkeiten hervor, die man auch politisch lesen kann, wie das Prinzip von Subjekt und Kontrasubjekt. Ich denke zum Beispiel daran, wie Sie mal in einer Rede den Begriff der »Heimat« in Verbindung gebracht haben mit Bachs *Kunst der Fuge*, weil sie unvollendet und in ihrer Besetzung offen ist.

In der Tat nehme ich, wenn es gelingt, gerne Beispiele aus der Musik, Formen aus der Musik oder Bezüge zur Musik, um daran etwas festzumachen, um daran etwas zu erläutern. Die *Kunst der Fuge* ist für mich genau eine Vorlage, mit der man erläutern kann, was eine Demokratie als offene Ordnung bedeutet, was vielleicht Europa als offene Ordnung bedeutet: dass es zwar einen Text gibt – ich würde dann sagen, eine Verfassung, wenn wir die Parallele zum Politischen ziehen wollen –, dass aber nicht festgeschrieben ist, wer ihn aufführen darf, durch wen er musiziert wird. Und genau das ist in einer Demokratie eben auch nicht festgelegt. Es ist nicht definiert, wer wir sind, die wir in dieser Gesellschaft, in dieser demokratischen Gemeinschaft leben. Es können ganz unterschiedliche Stimmen, ganz unterschiedliche Körper, ganz unterschiedliche Herkünfte sein, die diese Demokratie aufführen. Und dann klingt sie eben auch anders. Die *Kunst der Fuge* ist für mich ein musikalisches Beispiel, um zu sagen: Nein, es ist offen, wer die Ausführenden sind, und es ist als Text offen, unvollendet, unabgeschlossen, wie Sie gesagt haben. Und das heißt, es schreibt sich fort. Worauf sich alle einigen oder woraus sich alles speist, ist die Verfassung, der ursprüngliche Text. Aber auch der unterliegt immer wieder neuen Auslegungen und Entscheiden.

Die *Kunst der Fuge* bricht genau dort ab, wo vermutlich eine Quadrupelfuge gekommen wäre, eine Fuge mit vier verschiedenen Themen, kompositorisch eine ungeheure Herausforderung an Koordination.

Unter Wahrung der einzelnen Stimmen. Für mich ist die *Kunst der Fuge* die Gegenerzählung zu Festlegungen wie etwa der von einer deutschen Leitkultur. Und außerdem sind all die Dinge, die potenziell als Kernelemente einer vorgeblichen Leitkultur genannt werden könnten, nahezu immer Texte oder Erfindungen oder Kompositionen, die aus unreinen, pluralistischen, verwirrend hybriden Bezügen herstammen. Ohne Mendelssohn hätten wir die *Matthäus-Passion* vielleicht nie wiederentdeckt.

Und was waren Figuren, die Sie in musikalischer Hinsicht beeindruckt haben?

Vor allem eine, die ich gar nicht sehen konnte: Isaac Stern. Als Kind hat mich sehr beeindruckt, dass dieser Musiker, den ich so verehrte, für mich in Deutschland nie zu hören sein würde. Isaac Stern hatte abgelehnt, nach dem Zivilisationsbruch der Shoah für deutsche Hörer zu spielen. Und ich bin aufgewachsen damit, dass das richtig war, dass das Anerkennen dessen, was der Holocaust war, auch beinhaltet, dass man danach nicht einfach in irgendeine Form von

Normalität zurückgleiten kann oder sie erwarten kann von anderen. Insofern ist für mich die Selbstbestimmung oder die Reflexion darüber, wer ich bin als deutsche Europäerin, verknüpft mit dieser Geschichte von Isaac Stern.

Mal ganz banal gefragt: Wann hören Sie Musik?

Das ist ja gar keine banale Frage. Ich höre Musik an unterschiedlichsten Orten und zu unterschiedlichsten Zeiten und über unterschiedliche Zugänge. Beim Autofahren höre ich absoluten Trash im Radio zum Laut-Mitsingen. Es gibt auch alle möglichen peinlichen Blitzfotos von mir, wenn ich irgendwo zu schnell gefahren bin, und meistens habe ich auf diesen Bildern den Mund offen und singe laut vor mich hin.

Trash heißt: von Scorpions bis Roland Kaiser.

Na ja, das ertrage ich selbst im Auto nicht. Aber von Charts bis Hip-Hop alles, was da so läuft. Ansonsten beginne ich morgens früh den Tag mit Musik, sobald ich den ersten Tee mache. Meine Hörgewohnheiten haben sich in letzter Zeit ein bisschen verändert dadurch, dass ich Abonnentin bei einem Streamingdienst geworden bin, der speziell klassische Musik anbietet. Das hat zwar akustische Nachteile, weil Streamings über den Computer qualitativ nicht so gut klingen wie eine Vinylschallplatte oder eine CD, aber ich kann dadurch weit über meinen eigenen Bestand hinaus Musik hören und neue Sachen entdecken. Und das ist großartig. Am liebsten höre ich Musik aber natürlich live in Konzerten, und es war jetzt schon eine besonders bittere Phase, dass das nicht ging. An Konzerten ist für mich auch wichtig, dass ich mich einem Programm aussetze mit Kompositionen von Komponist:innen, die ich noch gar nicht kenne oder die ich mir vielleicht zu Hause nicht angehört hätte. Die Rituale und Codes von klassischen Konzerten fallen mir dagegen bis heute schwer. Ich würde mich wohler fühlen, wenn ich da in Jeans und Turnschuhen hingehen könnte, einfach als ich selbst. Es hat immer noch ein leichtes Moment von Verkleidung, aber das Hörerlebnis ist halt schon spektakulär.

Rituale und Codes verhindern ja auch Spontaneität und Emotionalität. Es würde gegen die Etikette verstoßen, zum Beispiel nach einem schönen langsamen Satz zu applaudieren. Das ist nicht vorgesehen.

Natürlich, es ist durchritualisiert. Und es sitzt da eine bestimmte soziale Klasse, eben die, die sich das überhaupt leisten kann. Das wissen ja auch die Konzerthäuser oder Festivals. Es gab und gibt auch immer Kartenkontingente, die billig sind. Aber es sind die Schwellen aus Architektur, Kleiderordnung, die ganzen sozialen, kulturellen Techniken, die eine soziale Öffnung verhindern. Wenn wir das vergleichen: Es ist doch viel leichter und zugänglicher, bei der Eröffnung einer Galerie oder bei einer Performance dabei zu sein. Da sind allein die Dresscodes, die fehlende Sitzordnung entspannter. Eine der interessanten Entwicklungen während der Pandemie fand ich, dass auch die eigenen kulturellen Spielregeln, die eingefahrenen Aufführungspraktiken hinterfragt wurden: Kann man draußen spielen? Bringt man Musik in den öffentlichen Raum der Stadt? Es wurde darüber nachgedacht, wie sich Musik anders präsentieren lässt. Das entstand aus der Not der Pandemie, weil Innenräume heikel waren. Aber dieses Nachdenken, wie sich die eigenen sozialen Räume auch öffnen und verändern lassen, wie sich klassische Musik anderen Gegenden und Hörer:innen zuwenden kann, damit sie befreit wird aus dieser bürgerlichen Verklemmung, das würde ich mir natürlich wünschen, um auch das kritische, dissidente Potenzial der Musik stärker zur Geltung kommen zu lassen. Es setzt aber voraus, dass man sich wirklich bemüht um andere Hörer:innen, damit sich nicht ewig eine abgehobene geschlossene Gesellschaft da nur reproduziert.

In Ihrer Lecture Performance *Ja heißt ja und ...* spielte die Musik eine große Rolle. War das ein Versuch in diese Richtung?

Da habe ich versucht, Musik in mein Programm zu integrieren. Da gab es dann Janáček, Schostakowitsch oder Terry Riley, aber auch Rap von Young M.A. Nach der Vorstellung kamen viele, um zu fragen: »Was war das eigentlich, was ich da gehört habe?« Und das ist natürlich wunderbar. Man muss eben dafür arbeiten, man muss es öffnen und zeigen, dass das Hören von klassischer Musik nicht voraussetzungsvoll ist. Es braucht einfach mehr Begegnung mit dieser Musik, es braucht Zugänge, die zeigen, wie sie jede:n ansprechen und irritieren oder berühren kann, es braucht andere Kontexte, andere Möglichkeiten der Konfrontation. Das ist sicher auch eine der Erklärungen, warum Igor Levit viele so anzieht. Er ist jemand, der diese Rituale und Grenzen der konventionellen Räume unterläuft, indem er sich andere Orte und andere Formen der Kommunikation sucht – aber dabei im Repertoire keinen Hauch bequemer oder angepasster wird. Er spielt Werke, mit denen er auch an politische Traditionen anschließt. Das tun andere Musiker:innen und Komponist:innen auch, aber Igor ist sicherlich in der jüngeren Generation spektakulär kraftvoll. Für mich gab es schon früh diese Ensembles oder Werke, die ich ungeheuer attraktiv fand, weil sie auch hybride Formen,

Anschlüsse an Theater und Performance ermöglichten. Allein die Arbeit vom Ensemble Modern, und was für ein Spektrum sie abdecken.

Können Sie beschreiben, was mit Ihnen passiert, wenn Sie Musik hören?

Es hängt sehr von der Musik ab. Und es verändert sich interessanterweise auch. Jazz zum Beispiel ist sehr spät in meinem Leben dazugekommen. Ich höre auch Musik beim Schreiben – und da verändert sich mit den Themen, die mich umtreiben, den Formen, die mich beschäftigen, auch die Musik. Manchmal merke ich, dass sich in mir innerlich etwas öffnet oder verändert, weil ich auf einmal andere Musik entdecken und hören will. Aber Sie fragten nach etwas anderem. Was geschieht beim Musikhören? Das ist sicherlich abhängig von dem, was man hört. Manche Musik zu hören zentriert mich, beruhigt alles, verhindert Flüchtigkeit. Manche Musik zu hören ist eher erhellend, anstiftend zur Freude, ob das eine sinnliche Freude ist oder eine intellektuelle Freude an dem, was in der Musik passiert. Ich glaube, das Hören lebt von der Bereitschaft, sich der Musik zu widmen, sich auf sie einzulassen – und nichts sonst. Dann gibt es natürlich Musik, die einfach tanzbar ist. Und es gibt Musik, die einen tröstet. Es gibt Musik, die einen wacher macht, in allen Hinsichten, die den Körper wacher macht, den Kopf wacher macht, die Sinne schärft.

Ich möchte jetzt noch auf die dritte Dimension zu sprechen kommen, in der für Sie die Musik eine Rolle spielt, neben der intellektuellen und der politischen Dimension – immer im Bewusstsein, dass diese Dimensionen zusammenhängen. In *Wie wir begehren* finden sich die Sätze: »Es war Musik, die mir den Weg zu meinem

Begehren gewiesen hat. Nicht Literatur. Nicht Film. Sondern Musik.« Das ist sehr wuchtig gesetzt: Nicht Literatur. Punkt. Nicht Film. Punkt. Sondern Musik. Man könnte es nicht deutlicher herausstreichen. Können Sie diese Öffnung des Begehrens durch die Musik noch etwas näher beschreiben? Inwiefern für Sie die Musik auch eine sexuelle Dimension hat?

Ich glaube, da spielen ganz verschiedene Faktoren hinein. Ich habe in der Literatur und im Film keine Erzählungen und keine Figuren entdeckt, in denen ich mich hätte wiederfinden oder an denen ich etwas hätte begreifen können. Also, natürlich gab es Geschichten, in denen ich mich spiegeln konnte, aber keine in Bezug auf das Begehren. Das war bei der Musik anders. Nun ist es natürlich nicht so, dass die Homosexualität erzeugt worden wäre durch die Musik (*lacht*), aber durch die Musik habe ich das eigene Begehren genauer verstehen und ausdrücken können. Wenn man in einer komplett heterosexuell organisierten Welt lebt, denkt man, es gäbe kein Außen, keine anderen Formen der Sexualität, keine anderen Lebensweisen. Entweder weiß man gar nicht, dass es überhaupt andere Formen gibt, oder man weiß nicht, dass es andere Formen gibt, die auch legitim, auch erwünscht, auch wertvoll, auch bereichernd sein können. Und das, worüber wir vorhin gesprochen haben, die Art und Weise, in der in der Musik Themen vorgegeben werden, Subjekte vorgegeben werden, Motive vorgegeben werden, dann aber in allen möglichen Umwandlungsformen durch eine Komposition hindurchgeführt werden, hat mir die Gleichwertigkeit verschiedener Verwandlungen vorgeführt. In diesem Sinne ist die Musik dissident und inklusiv, wenn man so will. Die vielen Formen der Interpretation von Sexualität, von Körperlichkeiten, übrigens auch von Männlichkeit oder Weiblichkeit oder dem jenseits davon, haben sich mir erst über die musikalische Sprache oder über die kompositorische Sprache vermittelt und eröffnet. Ich habe schon relativ früh Mahler-Symphonien gehört und relativ früh Choreographien von John Neumeier zu Mahler-Symphonien gesehen – da gab es schon Brechungen des Heteronormativen. Es gab auch einzelne Tänzer, die für mich ambivalente Figuren waren oder Figuren, die nicht so einfach zuzuordnen waren oder die sich zwischen den Geschlechtervorstellungen bewegten und Rollen hatten, in denen sie immer ein bisschen außen vor oder dazwischen standen. Als ich das damals in Hamburg sah, war Max Midinet einer der Tänzer, der für mich genau so eine Figur war. Ohne dass ich schon ganz genau hätte deuten können, was das eigentlich heißt, merkte ich bei diesen Figuren, dass sie mir nahe sind, dass es ein grundexistenzielles Gefühl von Queerness gibt, in diesen Zwischenräumen zu Hause zu sein. Und später war es sehr eindrücklich, zum ersten Mal einen Countertenor zu hören, weil das eine stimmliche Form war, sich den Codierungen zu entziehen.

Es gibt in der Musik ein Phänomen, das Sie jetzt noch gar nicht erwähnt haben, das dieses Changieren aber wunderbar vorführt, nämlich die Modulation – also das Überführen einer Tonart in eine andere, offen in jeglicher Hinsicht. Offen, was die Verlaufsform betrifft, offen aber auch, was das Ziel angeht. Eine Modulation kann einsetzen, ohne dass zunächst klar wäre, wo sie hinführt. Man versteht sie vielleicht am besten, wenn man den Gegenbegriff kennt, nämlich die Rückung. Dort werden zwei Tonarten schroff und unvermittelt gegeneinandergestellt, als würde man einen schweren Schrank mit einem Ruck von A nach B verschieben. In der Modulation dagegen gehen die Tonarten fließend und mitunter

sehr umwegig ineinander über oder auseinander hervor. Und das ist ja eine große Metapher für eine Transformation im Sinne der Fluidität, mit offenem Ende.

Zumindest für mich kann ich sagen, dass das genau die Erfahrung war. Die ersten erotischen Erfahrungen, die ich gemacht habe, waren immer mit Jungs oder dann später mit Männern. Ich habe erst relativ spät mein homosexuelles Begehren entdeckt. Für manche ist ja von Anfang an klar, wie sie begehren, und da gibt es auch keine Veränderungen. Aber für andere ist es unschärfer oder nicht so monolithisch zu Beginn. Und das zuzulassen, ohne zu wissen, wo es hinführt, dafür ist die Modulation ein gutes Bild. Bei der Modulation gibt es einen Ton zu hören, der auf die nächste Tonart verweist.

Einen auffälligen Ton oder zumindest einen, der über das, was man gerade hört, hinausgeht, ohne dass man notwendigerweise wüsste, worauf er hindeutet.

Ja, genau. Das ist das Dynamische des Begehrens, wie ich es erlebt habe, dass ich es eben erst langsam entdecken oder dahin öffnen musste. Für mich war absolut unverhandelbar, dass ich auf das eigene Begehren hören würde, dass ich es nicht ignorieren oder unterdrücken könnte. Dazu war das schiere Wollen auch zu intensiv. Für mich war die Sexualität zunächst einmal das: Lust und Begehren. Also eine Praxis, nicht automatisch eine Identität. Aber das wird es mit der Zeit. Diese Praxis ist eingelassen in eine soziale Welt, in der sie immer noch tabuisiert wird, in der sie immer noch verhindert, beschränkt oder auch pathologisiert wird. Ich verstehe mich als queer. Ich bin das, ich lebe es politisch und setze mich dafür ein. Trotzdem möchte ich immer noch hinhorchen. Sollte es mir passieren, dass das Begeh-

ren sich noch mal verändert, dann hoffe ich, dass ich durchlässig bleibe dafür. Es ist die Kraft des Begehrens, die ich
immer artikulieren wollte. Mich amüsiert dieses Ressentiment gegen lesbische und queere Frauen, das uns als lustlos
diskreditieren will. Aus der Perspektive mancher Männer
ist das natürlich die einzige Deutung, die ihren Narzissmus
nicht beschädigt: dass Frauen den Sex mit Frauen vorzie-
hen könnten, dass sie mehr Lust erleben könnten – das ist
eine solche Kränkung, dass sie uns nur als lustlos denken
können. Ich muss darüber immer lachen. Jungs, ich bin
homosexuell, eben weil ich mein Begehren ausleben will,
weil für mich die Lust eine existenzielle Rolle spielt – nicht,
weil mir Sexualität egal wäre.

**Zugleich haben Sie in *Wie wir begehren* betont, dass die
Sexualität nur ein Aspekt der Identität unter vielen anderen ist, wenn Sie schreiben: »Stimmt es wirklich, dass
die Sexualität alle anderen Bezüge übertrumpft und ver-
einheitlicht? Lösen sich alle anderen Merkmale auf?« Ich
habe diese Fragen als rhetorische Fragen gelesen.**

Also, zunächst zum besseren Verständnis: Ich bestreite
nicht, dass es eindeutige, unveränderliche sexuelle Orien-
tierungen gibt. Für manche ist ihr heterosexuelles Begehren
absolut stimmig und stabil, für manche ist ihr bisexuelles
Begehren von Anfang an offensichtlich, und das bleibt auch
so, manche wissen schon sehr früh, dass sie nur homosexuell
begehren können und wollen. Da ist nicht nur ›eine vorü-
bergehende Phase‹. Das ist von solcher Evidenz und Wucht
und eben auch von solchem Glück, dass keine Veränderung
auftaucht. Aber wenn ich den Prozess der Entdeckung der
Homosexualität bei mir beschreibe, dann gab es eben einen
Moment, in dem ich hinhören musste, in dem ich mich öffnen musste, in dem es eine Durchlässigkeit brauchte, um

das, was verdeckt und unverstanden war, zu begreifen und dann auch zu artikulieren. Aber heute kann ich sagen: Ich bin queer, in meiner Lust, in meiner politischen Positionierung, in meinem Leben. Ich bin auch alles Mögliche andere. Es gibt andere Eigenschaften, andere Überzeugungen, die existenzieller oder relevanter sind für mich als meine Sexualität. Aber Homosexualität ist eben nicht nur eine Frage der sexuellen Praxis, sondern auch eine Frage der sozialen Verortung in einer Gesellschaft, die ideologisch und religiös geprägt ist von bestimmten Zuschreibungen und Ausgrenzungen. Genauso wenig, wie die Hautfarbe nur eine Frage der Haut ist, sondern natürlich eine Frage der rassistischen Zuschreibungen, der historischen Erfahrungen, der Sklaverei und des Rassismus. So wie Sartre in den *Überlegungen zur Judenfrage* sagt: Jude ist das, was die anderen denken, was er sei. Für Juden:Jüdinnen ist es eben nicht allein, was ihre eigene Praxis für sie bedeutet, sondern wie antisemitische Zumutungen in ihr Leben eingreifen und ihren Alltag mindestens mitprägen. In diesem Sinne ist die Frage, wie relevant oder wie dominant oder wie fix für mich selber meine Homosexualität als Identität ist, nicht allein eine Frage der Selbstbewertung. Es ist keineswegs das entscheidende Merkmal meiner Person, und es ist auch nicht etwas, worüber ich den ganzen Tag nachdenken würde. Aber es ist eben der Aspekt meiner Person, der Aspekt meines Körpers, der am allerstärksten von außen durch Normierungen, durch Codes, durch Gesetze, durch Anfechtungen, durch Bedrohungen wahrgenommen und beeinträchtigt wird. Insofern kann ich gar nicht sagen, die Homosexualität spielt keine existenzielle Rolle – das tut sie, solange wir nicht die gleiche Anerkennung, den gleichen Respekt erfahren, solange es nicht gesellschaftlich so unbedeutend geworden ist wie die Frage, ob jemand links- oder rechtshändig ist.

Klar. Aber vor dem Hintergrund des obigen Zitats: Wäre der Idealzustand, dass man an Ihrer Person alles gleichermaßen wahrnähme, also dass Sie homosexuell sind genauso wie dass Sie eine Leidenschaft für Musik haben, dass Sie als Kriegsreporterin gearbeitet haben, dass Sie gerne Sport treiben, dass Sie ... was weiß ich ...

Gerne in düstere Clubs gehe.

Ja. Wäre das eine naive Vorstellung?

Ja. Das wäre naiv in Hinblick auf die Welt, in der wir leben.

Ich rede von einem Idealzustand.

Ja, aber ich kann mir gar nicht leisten, darüber nachzudenken. Die Realität, in der wir leben, ist doch eine, die nicht nur, aber eben auch bestimmt ist von einer Geschichte der Verachtung, der Repression, der Kriminalisierung von Homosexualität. Wir leben auch in der Gegenwart noch in einer Welt, in der sich LGBTIQ* nicht wirklich sicher, nicht wirklich beschützt, nicht wirklich respektiert wissen können. Das ist immer noch prekär, das ist immer noch schmerzhaft – bei allem, was sich schon verändert und liberalisiert hat. Natürlich sind wir intersektional geprägt und geformt, und ich kann doch an mir selber unterscheiden, in welchen Hinsichten ich besonders privilegiert bin und in welchen nicht, also: in welchen Hinsichten ich beschützter leben kann als andere, weil ich sozio-ökonomisch abgesicherter bin oder weil ich eben nicht das Objekt antisemitischer oder rassistischer Angriffe werde. Und dann gibt es aber Hinsichten, in denen ich zu denen gehöre, die stigmatisiert und angefochten werden: als Frau, als Intellektuelle noch dazu. Man kann ja nicht behaupten, dass das wirklich erwünscht wäre (*lacht*). Und dazu gehört auch, dass ich eben queer bin und lebe. Ich habe das auch in der Friedenspreisrede gesagt, dass es schon eine eigentümliche, sonderbare Erfahrung ist, dass etwas wie Sexualität, das einem selbst privat oder intim erscheint, andere so quält, dass sie meinen, sie könnten über einen befinden. Es gibt keinen Tag, an dem einem das nicht irgendwo vermittelt wird.

Meine Frage stand auch vor dem Hintergrund einer Aussage, die sich ebenfalls in *Wie wir begehren* findet: »Es ist ein Fluch unserer Zeit, dass wir unter dem Banner des Authentischen, des essenziell Identitären unseren Glauben, unsere Herkunft, unser Begehren in kollektiven Konzepten verengen und verkleinern. Vielleicht mag das für die Dauer einer politischen Auseinandersetzung nötig sein. Aber nicht danach. Konzepte kollektiver Identitäten eignen sich als rhetorische Transportmittel politischer Kämpfe um rechtliche Anerkennung, aber nicht als Zuhause.« Das stammt aus dem Jahr 2012. Würden Sie es heute noch so schreiben?

Ja, das würde ich immer noch so schreiben, und ich würde auch vermuten, dass es für viele gilt. Für alle von uns, die wir einer kulturellen oder religiösen oder sexuellen Minderheit angehören, die rassifiziert oder stigmatisiert wird, ist das doch eine ambivalente Situation. Es gibt etwas, das uns jeweils gemeinsam ist, etwas, für das wir uns entschieden haben, oder etwas, das wir über unsere Familien oder Herkünfte vorgegeben bekommen haben, und das eignen wir uns jeweils auch an. Und dann ist da etwas, das wir teilen, das mit der Außenwahrnehmung zu tun hat, mit den Projektionen und Zuschreibungen, die wir uns nicht aussuchen, die sich auf etwas beziehen, das uns selbst womöglich gar nicht als Identitäts- oder Differenzmerkmal wichtig ist – wie Hautfarbe –, und trotzdem formt es eine soziale Erfahrung aus. Es macht keinen Sinn, die Angehörigkeit zu bestreiten oder ihre Bedeutung für mich individuell – wenn ich von außen immer als anders markiert werde, dann wird diese Markierung für mich relevant. Wenn beschlossen würde, dass Linkshänder oder Menschen mit einer Schuhgröße von über 44 nicht mehr heiraten oder Kinder adoptieren dürften, dann könnten sie für sich selbst noch so oft darauf hinweisen, wie unwichtig ihnen die Schuhgröße oder die Linkshändigkeit sei, es wäre für sie relevant. Deswegen ist es so absurd, den Angehörigen von Minderheiten vorzuwerfen, sie sonderten sich ab, sie würden die Gesellschaft spalten, sie unterwanderten mit ihrer Identitätspolitik den Universalismus. Es ist ja zuallererst eine machtvolle Identitätspolitik, die uns zu Anderen oder Minderheiten macht. Für mich ist immer auch klar: Ohne den Begriff von Gleichheit, ohne den Begriff von Freiheit kann es auch keine Kritik an Ausgrenzung und Diskriminierung geben. Nur um zu belegen, inwiefern man ausgegrenzt wird, muss man eben mit dichten Beschreibungen von Erfahrungen argumentieren, in denen die eigene Sexualität oder die eigene Hautfarbe eine Rolle spielen. Wenn ich kritisieren will, dass manche Menschen nicht heiraten oder Kinder adoptieren dürfen, muss ich zeigen, dass sie als Linkshänder oder als Menschen mit großen Füßen anders behandelt werden als andere. Trotzdem gibt es natürlich eine ungeheure Vielfalt innerhalb der verschiedenen sozialen oder kulturellen Gruppen, sie setzen sich aus ganz verschiedenen, intersektional geprägten Personen zusammen. Natürlich bilden sich für jede:n von uns einzeln auch verschiedene Schnittmengen, verschiedene Anknüpfungspunkte aus. Ich will auch nicht einfach essenzialistisch verklumpt werden in eine kollektive Identität. Grässliche, Angst einflößende Vorstellung. Ich bin ja nicht queer geworden, um jetzt wieder in eng angepassten Codes und Konzepten passend gemacht zu werden. Aber es braucht eben in der politischen Auseinandersetzung solche Identitätskategorien wie LGBTIQ*, weil sich nur so gegen Ausgrenzung kämpfen lässt. Da braucht es solidarische Verbindlichkeit und Verbundenheit – dafür stehe ich ein. Das schließt allerdings nicht aus, dass man sich das Zarte erhält, das Lustvolle, das Selbstironische und sich auch beobachtet, damit man da nichts vereindeutigt, was einem selbst vielleicht unsicherer oder fragwürdiger ist.

Dass man sich nicht nach innen hin verhärtet.

Ja. Es ist eine komplizierte Frage, und ich glaube, wenn ich mir die Literatur der letzten Jahre anschaue – Enis Maci, Sasha Marianna Salzmann, Sharon Dodua Otoo, Dmitrij Kapitelman, Senthuran Varatharajah, Lena Gorelik –, dann sind das alles Figuren oder Texte, bei denen klar ist, dass sie in manchen Hinsichten erzählen von einer besonderen Erfahrung, die sich von anderen Erfahrungen in dieser Gesellschaft unterscheidet. Sie öffnen das Sichtfeld, sie erweitern die Wörter und Perspektiven, in denen im Deutschen gedacht und geschrieben werden kann. Und in anderen Hinsichten wollen sie genau darauf gerade nicht festgelegt werden. Es ist Literatur, mit einer eigenen ästhetischen Kraft, die immer mehr und etwas anderes ist als die Herkunft ihrer Autor:innen. Das changiert auch. Aber dieses Changieren bedeutet nicht, dass man selber unsicher wäre darüber, wer man ist, sondern es ist ein Reagieren auf Fremdzuschreibungen, es ist ein Reagieren auf politische Räume oder öffentliche Räume, die einem gelassen werden. Ich nehme diese Auseinandersetzungen mit großem Respekt wahr, weil ich sie natürlich kenne aus der Erfahrung der Homosexualität und weiß, wie kompliziert und wie schwierig es ist, sich diesen Erwartungen einerseits immer wieder zu entziehen und andererseits eben auch nicht. »You can't chicken out.«

Identitätspolitik als rhetorisches Transportmittel politischer Kämpfe, aber nicht als Zuhause?

Ja, absolut. Es gibt ein Börne-Zitat in seinem 74. Brief aus Paris: »Die einen werfen mir vor, dass ich ein Jude sei; die andern verzeihen mir es; der Dritte lobt mich gar dafür; aber alle denken daran. Sie sind wie gebannt in diesem magischen Judenkreise.« Und das gilt auch hier. Die anderen denken immer an uns als different. Insofern würde ich sagen, Identitätspolitik ist in diesem Sinne kein Zuhause, weil es viel zu ambivalent, viel zu hybrid, viel zu kompliziert und dynamisch ist, was einen alles ausmacht, aber es braucht sie für gesellschaftliche Anerkennungskämpfe und Kritik.

Eine Frage ist ja immer auch: Wer spricht? In *Ja heißt ja und …* findet sich der Satz: »Strukturelle Ungleichheit oder asymmetrische Machtverhältnisse lassen sich auch kritisieren, wenn man selbst nicht zu denen gehört, die dadurch benachteiligt werden.« Das kann auch eine Gefahr sein. Wann wird das Sprechen für jemanden zum Sprechen über jemanden?

Das ist tatsächlich eine Gefahr. Es darf einfach nicht eine neue Form von Unsichtbarmachung sein, indem jetzt zum Beispiel nur Weiße über Rassismus reden und Schwarze Sprecher:innen wieder verdrängen. Es braucht da eine andere Durchlässigkeit, damit die Sichtbarkeiten und Hörbarkeiten sich verändern. Das ist allerdings keine Absage an Empathie und Solidarität. Ich denke nicht, dass wir Zustände der Ungleichheit und Ungerechtigkeit ändern, wenn

sie immer nur von denen kritisiert werden dürfen, die darunter am meisten zu leiden haben. Unrecht muss von allen,
von jeder und jedem, kritisiert werden, ganz gleich, ob es
einen selbst oder die eigene Familie bevorteilt oder nicht.
Ich möchte in keiner Gesellschaft leben, in der Juden:Jüdin-
nen alleingelassen werden darin, sich gegen revisionistische
und antisemitische Positionen oder Angriffe zu wehren.
Ich erwarte auch, dass es nicht mir überlassen wird, mich
gegen Homo- und Trans*Feindlichkeit zu äußern, sondern
dass das auch Heterosexuelle zu ihrer Aufgabe machen, so
wie Männer natürlich Misogynie und Sexismus kritisieren
können und sollen. Alles andere wäre ja eine monochrome
Interessenpolitik für die Sprechenden. Es geht hier um
Menschenrechte und um Freiheitsrechte, es geht um Würde
und Respekt, und da können und müssen sich alle angesprochen und aufgefordert fühlen. Mich irritiert wirklich
enorm, wenn das nicht geschieht, wenn es den Angehörigen von Minderheiten überlassen wird, auf rassistische
oder homophobe Strukturen hinzuweisen – und wenn sie
es dann tun, dann ist das Identitätspolitik und wird abge-
wertet. Ja, was denn nun?

**Sie meinen, die Kritik an der Identitätspolitik ist un-
lauter?**

Ich meine: Man kann sich nicht als Universalist ausgeben,
aber dann die Verteidigung universalistischer Normen denen überlassen, denen sie vorenthalten werden. Ich glaube,
es braucht abstrakte Begriffe und normative Prinzipien,
mithilfe derer wir Diskriminierung und Ungleichbehand-
lung kritisieren können. Und auf die können und sollten
sich alle beziehen. Und dann gibt es natürlich auch noch
die Frage nach Repräsentation und Partizipation. Da sind
eben manche Positionen ungleich repräsentiert, mit unglei-

cher Macht und symbolischem Kapital ausgestattet. Für mich persönlich ist es wichtig, wie man diese Position reflektieren kann und ob man mitdenken kann, was die Bedingungen dieser Position sind und in welcher Hinsicht sie mir manches erleichtern, was für andere schwerer ist, oder andersherum. Dazu gehört sicherlich, das »weiß-Sein« als soziales Konstrukt zu verstehen, das eine ungeheure politische, ökonomische und kulturelle Bedeutung zugewiesen bekommen hat. Oder dass Männer sich als Männer und nicht nur als »Menschen« verstehen.

Weil das Wort vorhin fiel, vielleicht als letzte Frage: Was ist für Sie ein Zuhause?

Wenn ich auf mein Leben schaue, dann ist für mich ein Zuhause das, was ich eine Freundesfamilie nenne. Freundschaften bestimmen mein Leben, die Beziehungen zu Menschen und die Freude, mit ihnen zu denken und mit ihnen erwachsen oder nicht erwachsen zu werden. Ich verorte mich in diesem Leben über eine horizontale Achse aus gelebten Freundschaften. Das ist natürlich kein klassisches Familienmodell, aber trotzdem muss man als Familie bestehen, auch wirklich leben als Familie und sich mit diesen Freund:innen zusammen umeinander sorgen, umeinander kümmern, sich um die Kinder der Freund:innen mitkümmern, für sie Bezugsperson sein. Das setzt nicht voraus, dass die einzelnen Menschen darin homosexuell wären, aber es ist ein anderes Modell als eine heterosexuelle Familienorganisation. Und es ist auch etwas, das sich öffnet hin zu Freund:innen, die ganz andere vertikale, ganz andere genealogische Bezüge und ganz andere Familienbiographien haben. Es ist netzhafter. Und in diesem Sinne ist es auch ein Gegenmodell.

ÜBER KRANKHEIT UND KÖRPER

Viertes Gespräch

Sie haben während der Corona-Krise ein weithin beachtetes Journal geführt, das zuerst in regelmäßigen Abständen in der *Süddeutschen Zeitung* erschien und inzwischen auch als Buch vorliegt. Darin findet sich der Satz: »Wir werden sie sammeln müssen, die körperlichen und psychischen Spuren, die sich in uns einschreiben, ob wir sie wahrhaben wollen oder nicht.« Der Satz stammt aus dem April 2020, wir sprechen miteinander im Juli 2021, und es ist nicht so, dass wir sagen könnten, wir hätten die Pandemie hinter uns und befänden uns in postpandemischen Zeiten. Trotzdem haben wir eineinviertel Jahre nach diesem Eintrag eine gewisse Pandemieroutine entwickelt. Vielleicht ist es zu früh, aber ich möchte die Frage dennoch stellen: Sind aus Ihrer Sicht diese Spuren schon lesbar geworden, oder gibt es zumindest Anzeichen, wie diese Spuren verlaufen könnten?

Ich würde auch nicht von postpandemischen Zeiten sprechen, wir sind noch mittendrin. Die Frage ist immer auch, wer das »Wir« in diesem Satz ist. Ist es Europa, oder ist es Lateinamerika oder Afrika oder Asien? Sicherlich werden wir Langzeitbeobachtungen brauchen. Alles, was wir jetzt feststellen, hat etwas Flüchtiges und beruht noch nicht wirklich auf einer stabilen Datenmenge, die eingeflossen wäre in die Analyse. Aber sagen wir mal so, die Hinweise auf verschiedene Arten von körperlichen oder auch psychischen Spuren sind schon auflistbar. Das eine ist sicherlich, dass wir andere körperliche Codes gelernt haben. Es liegt eine unglaubliche Körperdisziplinierung in dem, wie wir uns begrüßen, oder schon nur in der banalen Frage, wie weit entfernt wir voneinander stehen. Es klingt immer so nüchtern, man solle Abstand halten, aber im konkreten Sozialen, in der konkreten Artikulation von Zuneigung, von Anteilnahme, von Freude, von spontaner Emotionalität, die sich darin ausdrückt, jemanden berühren zu wollen, findet eine brutale Verrenkung statt: eine körperliche Verrenkung, aber auch eine emotionale. Sich permanent innerlich korrigieren zu müssen in dem, was einem als natürliche Geste erscheint. Es betrifft ja nicht nur spontane Aktionen, es betrifft auch Praktiken und Gewohnheiten, die kulturell vorgeformt und eingeübt sind, symbolische Gesten, mit denen wir Höflichkeit ausdrücken, Respekt bekunden, Trost spenden wollen. Das sind gravierende Aushöhlungen unserer Körperpraktiken. Ich vermute zwar, dass wir uns diese Körperpraktiken auch wieder zurückerobern werden. Aber wie schnell es geht, bis wir uns dabei wieder unschuldig fühlen, weiß ich nicht. Also dass man sich nicht bei jeder Umarmung transgressiv vorkommt oder zusammenzuckt. Dieses Ausmaß an Irritation, an Verunsicherung, an Infragestellung ist enorm. Das ist das eine. Das andere ist, dass sich die sozialen Ungleichheiten, bei Schüler:innen, aber weit darüber hinaus, noch einmal so vertieft haben in dieser Zeit, dass ich nicht weiß, wie das revidierbar sein soll.

Wenn wir noch kurz beim Körperlichen bleiben: Es gibt einerseits die stillgestellten Körper, die eingeschlossenen Körper, in Wohnungen, in Quarantänen und so weiter. Es gibt andererseits die auseinandergerückten Körper, die sich nicht mehr in einer Nähe zueinander befinden

dürfen, wie wir sie gewohnt waren. Und es gibt drittens die Körper, die geschützt qua geimpft werden müssen. Können Sie mit dieser Unterscheidung im Sinne einer heuristischen Auffächerung etwas anfangen?

Das wäre erst einmal eine topographische Unterscheidung, eine Unterscheidung, was man mit ihnen tut. Aber es wäre noch keine Unterscheidung in der Frage, welche Körper besonders verwundbar sind. Und diese Art von Verwundbarkeit der Körper ist verbunden mit und bedingt durch eine ganz andere Form von Verwundbarkeit, nicht nur im Sozialen. In Deutschland gibt es sehr wenige Daten, die über Patient:innen erhoben werden. Wir wissen wenig, wer da krank wird und stirbt – außer die Alterskohorte. Die Disziplin der Public-Health-Forschung in Deutschland muss damit umgehen, dass es bei uns ein historisch begründetes Unbehagen gibt mit der Klassifizierung von Körpern. Das ist auch verständlich. Aber es führt in so einer Pandemie dazu, dass wir uns sozial blinder stellen, als wir sein sollten. Wir sehen natürlich, dass Menschen besonders verletzbar sind, die in beengten Wohnverhältnissen leben, die in beengten Arbeitsverhältnissen arbeiten, deren Arbeit eine des Körpers ist, für die Homeoffice keine Option ist. Wir haben das in den Fleischfabriken gesehen. Wenn ich es richtig sehe, haben wir auch Hinweise darauf, dass auch Wanderarbeiter:innen, die zur Ernte eingesetzt werden, besonders vulnerabel sind. Es sind Menschen, deren Arbeitskraft der Körper ist oder die auch in sehr engen Verhältnissen aufeinander, nebeneinander, miteinander leben und arbeiten. Wenn darüber aber keine präzisen Daten erhoben werden, wird auch unsichtbar gemacht, welche Teile der Bevölkerung besonders betroffen sind. Dieses Verbergen von sozialer Klasse hat im Diskurs natürlich eine Tradition, aber hier fand ich es besonders trostlos und politisch auch fatal. Am Anfang hatte man noch das Gefühl, aha, jetzt gibt es endlich mal ein Sprechen über Körperlichkeit. Endlich wird mal über Verwundbarkeit gesprochen. Endlich gibt es ein Bewusstsein dafür, dass wir einander etwas antun und einander verletzen, aber eben auch füreinander sorgen können. Also die Kategorien einer Care-Ethik. Ich muss zugeben, dass ich zu Beginn der Pandemie hoffnungsvoll und beinahe verzaubert war, worüber gesprochen wurde. Und das ist dann bedenklich einkassiert worden. Man merkte, es gibt eine Vorstellung vom Schutz für Ältere, aber vom Schutz für prekär Beschäftigte oder für Menschen, die prekär wohnen, eben nicht. Ganz zu schweigen von der Frage, was das für Kinder bedeutet, die in solchen Wohnverhältnissen im Homeschooling sind. Das war schon von einer absichtsvollen Rücksichtslosigkeit.

Worin lag die Absicht?

Na ja, die Absicht, sich gar nicht erst dafür interessieren zu wollen, es gar nicht erst in Erfahrung bringen zu wollen. Man hätte ja auch einfach mal fragen können: Wo arbeiten die? Welchen Beruf üben sie aus? In welchen Wohnquartieren leben sie? Man hätte es zumindest versuchen können. In Frankreich gibt es das, soweit ich weiß, in den USA sowieso. Der Zusammenhang von Armut und Krankheit ist in anderen Ländern sehr viel stärker erforscht, auch der Zusammenhang von Rassismus und Krankheit. Wenn die Zusammenhänge von Ausgrenzungs- bzw. Marginalisierungserfahrungen und Krankheit besser erforscht sind, sind sie auch eher anzugehen. Das meine ich mit »absichtsvoll«. Eine Gesellschaft, die gar nicht erst befragen will, wer besonders betroffen ist, kann auch nichts an den Bedingungen ändern.

Die Zusammenhänge von Armut und Krankheit, Rassismus und Krankheit, vielleicht auch Geschlecht und Krankheit sind natürlich Zusammenhänge, die über die Pandemie weit hinausgehen und durch sie nur besonders deutlich sichtbar geworden sind.

Ja. Der Zusammenhang von Armut und Krankheit ist immer relevant und immer einer, den wir politisch ernst nehmen müssen. Das war schon vor der Pandemie so. Das gilt übrigens auch in Hinblick darauf, dass im gegenwärtigen Diskurs häufig so getan wird, als gäbe es auf der einen Seite die Fragen von ökonomischer Ungleichheit, Benachteiligung und Umverteilung und auf der anderen Seite die Frage von Anerkennung oder Missachtung. Das wird dann gerne so sortiert, dass es auf der einen Seite um die Arbeiter:innen und auf der anderen Seite um kulturelle Minderheiten geht, wie auch immer sie definiert werden. Und das ist in verschiedenen Hinsichten falsch: zum einen, weil allein schon die Vorstellung, man fände in den Fabriken keine Migrant:innen, eine Illusion ist, und zum anderen eben auch in der Zuschreibung, dass Armut nur eine ökonomische Frage sei. Sie ist auch eine psychische Belastung. Sie ist auch ein Stigma. Sie ist auch eine Form von sozialer Marginalisierung. So wie umgekehrt Rassismus oder Homo- und Trans*Feindlichkeit nicht nur eine Frage von kultureller Ausgrenzung oder Missachtung sind, sondern immer auch ökonomische Folgen haben. Diese Verknüpfungen kann man natürlich nur sehen, wenn man sie so auch thematisiert. Und dafür wäre die Pandemie eigentlich eine gute Gelegenheit gewesen. Das ist, fand ich zumindest, erstaunlich gedeckelt worden.

Um ein Wort aufzugreifen, das bereits in Ihrer ersten Antwort in diesem Gespräch gefallen ist und auch in Ih-

rem *Journal* vorkommt: Unschuld. Sie schreiben, »alles das, was unsere Begegnungen, unsere Zuwendung, unsere Körper, unser Sprechen zu anderen hin öffnete«, habe in dieser Krise »seine ›Unschuld‹ verloren«. Und Sie sagten vorhin, Sie wüssten nicht, wie schnell es gehen wird, bis wir uns in unseren Körperpraktiken wieder unschuldig fühlen. In welchem Zwischenstadium leben wir jetzt, zwischen einer verlorenen Unschuld und einer wieder anzustrebenden Unschuld?

Es gibt sicherlich eine Beschreibung unserer Körperpraktiken in dieser Pandemie, die sie als eine Verklemmung, als eine Verbürgerlichung lesbar machen. Das Management der Berührungen, des Abstands, der Begegnungen entzieht dem Sozialen ja das Lustvolle. Es entzieht ihm alles, was eine Übersprungshandlung wäre oder ein Akt der Spontaneität. Und in diesem Sinne verliert das Soziale die ›Unschuld‹ in Anführungsstrichen, weil das Einander-Berühren oder das Einander-zu-nahe-Kommen mit der Gefahr der Ansteckung des oder der anderen einhergeht. Ich merke das bei Kindern von Freund:innen, die ein sehr starkes Bewusstsein dafür haben, dass sie ihre Großeltern potenziell gefährden könnten. Die Angst, sich schuldig zu machen an der Erkrankung eines anderen, ist der Ursprung dieser ganzen Gefahr, und deswegen sind die Maßnahmen ja auch völlig richtig. Aber sie führen eben zu Verkrampfung und permanenter Selbstdisziplinierung. Ganz zu schweigen davon, dass man auch immer einen Autofokus hat, dass man dauernd damit beschäftigt ist, was man tut und wohin man geht. Das ist schon anstrengend.

In gewissem Sinne sind wir füreinander Unberührbare geworden.

Und das ist deswegen so spektakulär, weil es bei Krankheit normalerweise genau darum geht, den anderen zu berühren, Nähe herzustellen, jemanden nicht allein zu lassen im Zustand der Krankheit. In diesem Fall ist das, wenn man so will, delegiert worden an professionelle Pfleger:innen auf den Intensivstationen in den Krankenhäusern. Überall sonst ist genau das, was eigentlich geboten wäre, dass Körper einander nah sind und man Menschen das Gefühl von Anteilnahme über Berührung vermittelt, verunmöglicht oder zumindest eingeschränkt worden. Das gilt natürlich besonders für Angehörige von Menschen, die sterben. Wenn wir die Aids-Krise als große andere historische Erfahrung nehmen, dann war da die ganze Bewegung auch damit beschäftigt, sich umeinander zu kümmern. Und sich umeinander zu kümmern hieß eben auch, Menschen zu begleiten im Elend dieser Krankheit und im Schmerz. Sie nicht allein zu lassen, gerade wenn eine Gesellschaft sie aussortiert. Es ist schon erstaunlich, wie anders die öffentliche Anteilnahme jetzt bei der Pandemie war.

Weil man bei Aids glaubte, dass es nur bestimmte Gruppen treffen könne.

Ja. Und wir erleben jetzt, dass man nicht sofort ausgrenzt und stigmatisiert, wenn jemand erkrankt ist. Ich glaube, für viele, die die Aids-Zeit aktiv und bewusst erlebt haben, hatte es auch etwas Absurdes, dass »Positiv-Sein« auf einmal Mitleid auslöste im öffentlichen Diskurs und nicht sofort von Internierungslager phantasiert wurde. Wobei es auch schon sehr bittere Aspekte gab: Wie Sterbende allein gelassen wurden, darüber werden wir noch sehr lange nachzudenken und zu trauern haben.

Wir sind jetzt, rund anderthalb Jahre nach dem Ausbruch der Pandemie und den Lockdowns in den westeuropäischen Gesellschaften, auf dem Stand, dass ein beträchtlicher Teil der Bevölkerung geimpft ist und ein nicht unbeträchtlicher Teil sich heftig dagegen wehrt, aus welchen Gründen auch immer. Besteht nicht einerseits die Gefahr, jetzt eine Setzung zu machen, dass der geimpfte Körper der neue Normkörper ist? Und besteht nicht andererseits die Gefahr, dass wir auf ein gesellschaftliches Schisma hinauslaufen in den Teil der Bevölkerung, der geimpft ist, und in den Teil der Bevölkerung, der nicht geimpft ist? Und dass wir diese Spaltung nicht mehr ausgleichen, geschweige denn überwinden können? Die Frage, die man einander dieser Tage am häufigsten stellt, ist: »Bist du geimpft?« Man ist dann entweder in der Fraktion A oder in der Fraktion B.

Ich glaube, diese Problematik lässt sich nicht diskutieren, ohne die Unterscheidung vorzunehmen, warum Menschen nicht geimpft sind. Also ob es eine freiwillige Entscheidung aufgrund von Impfskepsis ist, obwohl es das Angebot und die Möglichkeit gäbe, sich impfen zu lassen. Oder ob es damit zu tun hat, dass man in Regionen der Welt lebt, in denen es keinen Impfstoff gibt oder kein Gesundheitswesen, zu dem es Zugang gäbe.

Ich rede jetzt zunächst einmal von den westeuropäischen Gesellschaften.

Ja. Aber wir können eben eine Pandemie nicht – so wenig wie das Klima – nur als globaler Norden verhandeln. Das ist epidemiologisch – oder ökologisch – so unsinnig, wie es ethisch und politisch fragwürdig ist. Es lässt sich keine Region der Welt absperren, wir sind miteinander verwoben und wechselseitig voneinander abhängig. Welche Rolle da das Patentrecht spielt, welche Rolle die hochwertigen Produktionsstätten für komplexe Impfstoffe spielen, wie sich der Zugriff auf Impfstoffe in anderen Regionen der Welt gerechter verteilen lässt – darüber müssen wir schon mal reden. Und dass es Körper gibt, die offensichtlich weniger zählen als andere. Das kriegen wir in einer Härte jetzt vorgeführt, weil sich der Blick gleichzeitig auch auf andere Weltgegenden richtet. Und wir kriegen es auch in anderen Fragen vorgeführt. Wir kriegen es in den Klimafragen vorgeführt. Die andere Frage ist, inwiefern es unterschiedliche Handlungsspielräume geben wird für diejenigen, die geimpft sind, und für diejenigen, die nicht geimpft sind. Anfangs war da noch von »Impfangebot« die Rede – also von einer Option, gegen die ich mich auch autonom entscheiden kann. Das ließ den einzelnen Bürger:innen die Wahl. Begründet wurde dieser Verzicht auf verbindlichere Impfpflicht damit, dass es Privatsache des Einzelnen sei, dass niemandem eine Impfung einfach angeordnet werden könne. Das war immer schon erstaunlich, wenn man bedenkt, dass es ja nicht allein um die Frage geht, ob ich durch eine Impfung meine eigene Erkrankung unwahrscheinlicher oder weniger gefährlich mache. Bei einem Virus wie diesem geht es nie nur um einen selbst, sondern immer auch um die anderen. Ich bin nicht nur potenziell krank, sondern ich bin potenziell lebensbedrohlich für andere. Diese Optionalität hätte mit einer massiven, sehr diversifizierten Kommunikationskampagne einhergehen müssen. Es hätte zielgruppengenaues Marketing gebraucht, auf allen medialen Kanälen, in den verschiedensten Sprachen, mobile Impfteams in den Städten, aber auch auf dem Land. Es war früh erkennbar, dass das niemand auch nur versucht hat und dass es so immer breitere Räume gab, in denen die Impfskepsis sich stabilisieren oder gar radika-

lisieren konnte. Ich habe den Eindruck, dass das demokratische Sprechen, das demokratische Kommunizieren in
einer fragmentierten Öffentlichkeit und in einer pluralisier-
ten Gesellschaft dramatisch unterbelichtet gewesen ist. Es
ist eben nicht so, dass jeder Mensch um 19 Uhr *heute* oder
um 20 Uhr die *tagesschau* guckt. Und es hat nicht zuletzt
mit der Frage zu tun, dass es hier wirklich um etwas In-
times geht, dass es um den eigenen Körper geht und um
die Frage, wem man warum in Bezug worauf vertraut. Ich
glaube, es ist zusätzlich auch eine Aufgabe für die gesamte
Zivilgesellschaft, dass jede und jeder von uns die Gespräche
führt, wo er oder sie kann. Und wo es noch Sinn macht. Es
gibt eben auch eine Form der Nichterreichbarkeit, des Ab-
gedrifteten in Desinformationssümpfe, wo das Diskutieren
keinerlei Aussicht auf Verständigung mehr bringt.

**Es wächst aber in vielen Ländern der Druck auf Leute,
die das Impfangebot ablehnen. Zum Beispiel auf die An-
gestellten im Gesundheitswesen in Frankreich: Entweder
sie sind geimpft, oder sie werden suspendiert. Das heißt,
es wird den Leuten die ökonomische Grundlage entzo-
gen. Darf der Staat in dieser Weise übergreifen auf den
Körper des Einzelnen?**

Es gibt doch überall Regelungen und Maßnahmen zum
Schutz des Einzelnen oder zum Schutz der Allgemeinheit.
Alkoholbeschränkungen beim Autofahren: Da beschützt
man ja nicht nur diejenigen, die Auto fahren, sondern auch
die anderen Verkehrsteilnehmer:innen. Oder Rauchver-
bote: Auch beim Rauchen ließe sich ja der Freiheitsanspruch
anmelden. Natürlich ließe sich auch da sagen: »Ich will mir
doch meine eigene Lunge selber zerstören dürfen.« Und
da ist die staatliche Antwort: Ja, sich selbst gefährden darf
man, aber in sozialen Kontexten, in öffentlichen Räumen,

in denen andere in Mitleidenschaft gezogen werden – da ist es eben nicht mehr eine Privatangelegenheit. Es geht also nicht darum, dass man jemanden zwingen will, sich oder den eigenen Körper zu schützen. Es geht nicht nur um das einzelne Individuum und seine jeweiligen Freiheitsrechte, sondern es geht darum, ob diese Freiheitsrechte andere gefährden. Und ich muss sagen, ich finde die Überlegungen, dass Menschen in Pflegeberufen, ob nun in Kliniken oder in Altersheimen, einen verpflichtenden Impfschutz haben sollten, durchaus sinnvoll. In Deutschland scheint es eine recht hohe Impfquote zu geben beim Pflegepersonal, anders als in Frankreich, und natürlich würde man sich wünschen, dass Menschen – nicht nur, aber auch – in diesen Berufen sich überzeugen ließen. Aber wenn die Impfquote zu niedrig bleibt, wenn zu viele ungeimpfte Menschen erkranken und die Krankenhäuser überfordern, dann wird sich die Not erhöhen, doch Impfungen verbindlich zu fordern.

Wir haben nun anderthalb Jahre vornehmlich im digitalen Raum miteinander verbracht. Sie haben in Ihrem *Journal* geschrieben, der Umzug ins Digitale entziehe dem Alltag die Körperlichkeit und biete nur verklemmte Diskursivierung. Zugleich heißt es überall, die Pandemie habe einen Digitalisierungsschub ausgelöst. Ist da nicht eine seltsame Paradoxie im Spiel? Man dachte immer, die Digitalisierung sei ein Motor der Globalisierung. Und im Moment ist der digitale Raum weniger ein globaler Raum als vielmehr ein Rückzugsraum.

Das ist ein sehr guter Punkt. Ich glaube, wir haben die Digitalisierung in all ihren ambivalenten Auswirkungen erlebt: Wofür sie nützlich sein kann und wem sie hilft, aber auch, wen sie benachteiligt oder was sie nicht ersetzen kann. Da sind durch die Krise der Pandemie ein anderes Bewusstsein und andere Erfahrungswerte entstanden. Das betrifft auch die Klimakatastrophe und die Frage, wie wir unsere Vorstellungen von Mobilität, unsere Vorstellungen von Tourismus, unsere Vorstellungen von Konsum überdenken müssen. Das wird nicht und darf nicht so bleiben, wie es war. Die Disruption dieser Zeit hat auch dem letzten Vielflieger gezeigt, wie vermeidbar Kurztrips sind – übrigens auch in der Welt, in der wir beide uns bewegen, im akademischen Feld, in der Musik, in der Kultur. Für die Einsicht, dass Hyperaktivität und Hypermobilität einen katastrophalen CO_2-Abdruck produzieren, war es gut. Also um festzustellen, dass man bestimmte Sachen nicht muss und in Hinblick auf die Klimakatastrophe auch nicht soll. Aber gleichzeitig, das ist die Kehrseite, stellt sich die Frage, welche Art von nationaler Provinzialität womöglich erzeugt wird, wenn man sich nicht mehr analog austauschen, sich nicht mehr bewegen, nicht mehr reisen kann.

Und wieso Verklemmtheit?

Das bezog sich auf die Art und Weise, wie diese Zoom-Gespräche einen eben verklemmen, aller möglichen Genres des Sprechens berauben: Witze funktionieren wirklich gar nicht gut in Zoom, oder Stille und Innehalten, das macht alle total nervös. Aber dann auch die Verzerrung, die das Streaming von Kulturveranstaltungen bedeutet hat. Ich muss sagen, für mich hat kein einziges Streaming einer Oper, kein einziges Streaming eines Theaterstücks funktioniert. Schon rein akustisch nicht, aber auch nicht in der Dramaturgie, der Vorentscheidung der Regie in einem Stream, die mir vorgibt, wohin ich auf einer Bühne oder Szene schauen soll. Für mich absolut grauenhaft. Ich habe es ein paarmal versucht und jedes Mal abgebrochen. Aber auch für mich als Publizistin mit meinen eigenen Veranstaltungen: Ich bin in unterschied-

lichen Rollen in diesem digitalen Raum unterwegs gewesen –
als Autorin, als Diskutantin, aber auch als Moderatorin meiner eigenen Veranstaltungsreihe in der Schaubühne. Wenn
ich Gesprächspartner:innen nur im Digitalen als Gegenüber
hatte, musste ich mich doppelt so gut und doppelt so lange
vorbereiten, um potenziell alles ersetzen zu können, was die
vielleicht nicht sagen. Es war ein riesiger Zusatzaufwand.
Ich fand es auch körperlich viel anstrengender. Wenn es vorbei war, war das wie nach einem Marathonlauf. Als wir dann
dazu übergegangen sind, Formate zu haben, in denen wir
im Theater auf der Bühne sitzen als Gesprächsrunde – aber
ohne Publikum –, und das dann live gestreamt wurde, war
es wieder besser. Da waren zumindest die Gespräche direkt,
es gab Gegenüber mit Körpern und nicht nur Köpfen, ich
konnte besser lesen und verstehen, wie etwas gemeint ist,
ob jemand sich unwohl fühlt oder nicht. Aber wenn ich in
der Rolle derjenigen war, die selber befragt wurde oder lesen oder sprechen sollte im Stream, hatte ich das Gefühl, es
ist wie eine Peepshow. Man sitzt bei sich zu Hause und hat
überhaupt kein Gespür für das Publikum. Man kriegt auch
keine Reaktionen mit. Wir haben das ja auch mal zusammen
gemacht. Man hat keine Intuition für die Person, die einem
da gegenübersitzt. Man sieht nur halbe Personen. Man sieht
nicht, was machen die mit den Beinen unter dem Tisch. Es
ist eine gespenstische Entkörperlichung. Es gibt Leute, die
fanden das super, aber da gehöre ich definitiv nicht dazu. Ich
fand es wirklich schrecklich.

**Wenn wir die Frage nach dem Sprechen unter den Be-
dingungen der Pandemie verschieben auf die Frage
nach dem Sprechen über die Pandemie: Das Reden über
Krankheit ist in seiner Metaphorizität ja oft beschrieben
worden. Und es gab auch in dieser Pandemie einige Me-
taphern, die immer wieder kursierten, etwa die Rede von**

»kollektiven Körperschaften« oder vom **»gesellschaftlichen Immunsystem«. Um einen Blick auf diese Pandemie aus metaphorologischer Sicht zu werfen: Welche Beobachtungen haben Sie da gemacht?**

Ich habe eigentlich keine metaphorischen Sprechweisen gehört, die ich problematisch fand. Aber wirklich interessant fand ich die Kehrtwende der politischen Rechten. Wenn man sich anschaut, was rechtspopulistische, rechtsradikale, rassistische Bewegungen und Ideologien die ganze Zeit als Biopolitik propagieren, so arbeiten sie ja stets mit jahrhundertealten Topoi der »Vergiftung« und der »Verunreinigung«. Rassistische Phobien und übrigens auch homo- und trans*feindliche Ideologien wollen eine Angst schüren, die reale oder eingebildete Andersartigkeit als eine Bedrohung des eigenen Körpers, als eine Bedrohung der eigenen Bevölkerung wahrnimmt, und zwar im Grunde genommen immer nach Maßgabe der Ansteckung. Wir sehen es jetzt gerade konkret im jüngsten Gesetz in Ungarn, das verbietet, dass in Publikationen über Homosexualität oder über Trans*Identität gesprochen wird. Etwas unsichtbar machen zu wollen, etwas unhörbar machen zu wollen, etwas austreiben zu wollen, von dem man ja weiß, dass es existiert, speist sich aus der Vorstellung, dass es andere ›infizieren‹ könnte. Also dass Kinder, die in Schulbüchern über Homosexualität oder über Trans*Identität lesen, durch die Lektüre dann auch schwul oder trans* werden könnten. Was ja relativ lustig ist. Ich bin mit Büchern aufgewachsen, in denen nur heterosexuelle Figuren vorkamen, und bin dennoch nicht heterosexuell geworden. Als ob es so funktionieren würde. Es ist die Angst einer sehr hypochondrischen Identität, die bei jeder Begegnung mit einem Anderen fürchtet, angesteckt zu werden von diesem Anderen – und etwas Eigenes zu verlieren. Ich würde sagen, Sie können mich

124

als Borussia-Dortmund-Fan auf eine einsame Insel mit Schalke-Fans stecken ... Oder mit Katholiken ... (*lacht*)

Bleiben wir mal bei Schalke ...

Auch auf einer einsamen Insel könnte mich der Schalke-Fan nicht ›anstecken‹. Was mich fasziniert hat: Es hätte ja passieren können, dass es die rechten Parteien in Europa sind, die die Angst vor Ansteckung schüren, die die Angst vor Bewegung schüren, die Angst vor dem Fremden, die Angst vor der Einreise. Und es gab ganz kurz am Anfang mal einen Hinweis, dass sie das tun könnten. Doch dann haben sie eine Kehrtwende vollzogen, weil sie ihre eigene Klientel gegen die Regierung mobilisieren wollten. Das ist das Interessante, dass die, die eigentlich die ganze Zeit mit rassistischer Biopolitik und mit genau solchen Sprachbildern und Metaphoriken arbeiten, um Ängste zu schüren, absurderweise genau in dem Moment, in dem es reale, echte, wirkliche Ansteckungsgefahr gab für alle Körper – dass die da komplett blankgezogen haben.

Eine wichtige Metaphorik, mit der Sie in *Gegen den Hass* argumentieren, ist die Metaphorik von Reinheit versus Unreinheit. Wenn man sich anschaut, was im Moment alles permanent gereinigt wird – von Händen über Stangen im Zug bis zu Tischen in Restaurants –, so haben doch Reinheit und Reinigung, vielleicht auch Reinlichkeit eine ganz neue gesellschaftliche Dominanz erhalten. Muss man nicht befürchten, dass die Metaphorik der Reinheit sich irgendwann verselbständigt und politisch neu aufgeladen wird?

Das wäre eine Verwechslung einer Metaphorik oder einer politischen oder symbolischen Aufladung mit einer ratio-

nalen Praxis. Weil ich politisch immer für gesellschaftliche, soziale, kulturelle ›Unreinheit‹, also Vielfalt, plädiere,
würde ich nicht Hygienemaßnahmen in einer gesundheits-
politischen Krise einer Pandemie für fatal halten.

**Das Reden über Krankheit ist oft mit Scham besetzt.
Wären wir auf die Pandemie besser vorbereitet gewesen,
wenn wir geübter darin wären, über Krankheit offen zu
reden?**

Gute Frage. Dass Krankheit und Körperlichkeit überhaupt
so mit Scham besetzt sind, das treibt mich sehr um. Also
die Frage, wie Körperlichkeit verkleidet, diszipliniert und
natürlich auch als Status bearbeitet wird. Die Art und Weise,
wie bestimmte Körperlichkeiten markiert werden oder mit
Anerkennung oder Missachtung versehen werden – ältere
Körper, kranke Körper, in irgendeiner Weise beschränkte
Körper, die hinken oder humpeln oder versehrt sind. Und
natürlich die Art und Weise, wie Zweigeschlechtlichkeit
normiert wird und alle Körper, die nicht in dieses Raster
der Wahrnehmung fallen oder fallen wollen, als ›abnorm‹,
vom gesellschaftlichen Dispositiv als nicht adressierbar
eingestuft werden. Indem es zum Beispiel keine Pronomen
für sie gibt. Es gibt in Deutschland ja längst ein Urteil des
Bundesverfassungsgerichts, das die Politik aufgefordert hat,
ein drittes Geschlecht oder ein Divers oder eine andere Option neben der Zweigeschlechtlichkeit zu etablieren. Und
man sieht, auf welchen Widerstand dies stößt.

**Wenn Sie sagen, es treibt Sie sehr um: Woher rührt diese
Beschäftigung mit Krankheit?**

Ich bin aufgewachsen mit einer sehr geliebten Mutter, die
eine chronische Erkrankung hatte: Gelenkrheuma. Und

insofern bin ich aufgewachsen mit dem Nachdenken über Schmerz. Ich bin aufgewachsen mit der Einfühlung in andere Körper, in etwas, das nicht unbedingt versprachlicht wird, das man aber trotzdem erahnen und verstehen kann. Das bedeutet auch: Für mich ist Gesundheit nichts Selbstverständliches gewesen. Und für mich ist Krankheit auch nicht etwas Fremdes oder etwas weniger Wertvolles. Ich glaube, das ist eine sehr starke Prägung, die ich biographisch mitgebracht habe und die vielleicht auch meinen Blick geschärft hat für die Arten und Weisen, in denen Körperlichkeiten hierarchisiert werden und in denen das Sprechen über Körper oder über Krankheit tabuisiert wird. Und sicherlich bestand eine zusätzliche Prägung oder eine zusätzliche Bedingung für diese Art von Aufmerksamkeit darin, dass ich queer bin und eine Sexualität habe, die etwas mit einer Körperlichkeit, mit einer Lust zu tun hat, die maximal gerade noch so geduldet wird. Eigentlich vor allem geduldet, solange sie nicht thematisiert wird. Wenn sie sich auch noch versprachlicht, wird sie sofort behandelt, als hätte man das Protokoll verletzt. Es wird einem immer suggeriert, das Sprechen darüber hätte etwas Indiskretes an sich, wohingegen bei Heterosexuellen das Erzählen über ihre Beziehung oder über ihre Lebensform überhaupt nicht mit Scham belegt ist. Insofern glaube ich, dass ich in verschiedenen Hinsichten eine tiefe politische Überzeugung von Schamlosigkeit habe, die sich vielleicht auch ausgewirkt hat auf das Schreiben über #MeToo-Fragen und über sexuellen Missbrauch. Da soll auch immer mit Scham belegt werden, wessen Körper angegriffen, wessen Körper penetriert, wessen Körper versehrt wurde. Dagegen gilt es zu sprechen, dagegen gilt es zu schreiben in einer Dissidenz zu dieser verordneten Scham. Und gleichzeitig mit vollem Respekt davor, dass es unterschiedliche, auch kulturell oder generationell unterschiedliche Arten gibt, über den eigenen

Körper oder über die eigene Krankheit zu sprechen. Das soll nicht heißen, dass jede und jeder das tun muss. Auch ich spreche nicht über jede Krankheit oder über jede meiner Körperlichkeiten. Aber diese politisch verordnete oder heteronormativ verordnete Scham, die will ich natürlich sukzessive unterlaufen.

Kann Scham auch eine gute Seite haben, im Sinne von Schutz, wenn sie denn nicht verordnet ist?

Das weiß ich nicht. Aber Scham ist natürlich in ganz vielen Hinsichten keine individuelle Neigung, sondern etwas, das sich orientiert an Konventionen, die religiös vorgegeben sind oder ideologisch vorgegeben sind oder kulturell vorgegeben sind durch die Gesellschaft. Ich habe in Krisenregionen mit sehr vielen Menschen gesprochen, die Gewalterfahrungen gemacht haben und sich darüber zu sprechen schämten. Nicht, weil sie etwas falsch gemacht hätten, nicht, weil sie selbst schuldig waren, dass ihnen Gewalt angetan wurde, sondern weil diese Scham mit aufgezwungen wird. Das beschützt nicht sie, sondern das beschützt leider die Täter und die Strukturen, aus denen sie hervorgehen. Daher glaube ich, dass man sehr genau fragen muss: Woher kommt die Scham? Wen beschützt sie? Das ist ja in Ihrer Frage auch enthalten. Es gibt überhaupt keine Pflicht, sich selbst bloßzustellen. Und es gibt natürlich auch keine Pflicht, über belastende Erfahrungen sprechen können zu müssen. So ist es nicht gemeint. Mein Widerstand richtet sich gegen die verordnete Scham.

Ist Scham auf ein Gegenüber angewiesen?

Scham ist, glaube ich, zunächst einmal in einer bestimmten Form der Blick eines anderen auf eine eigene Erfahrung, die einem plötzlich bewusst wird. Wenn wir Sartres berühmte Szene im Park nehmen in *Das Sein und das Nichts*: Er wird sich plötzlich des Blicks eines anderen gewahr, und dadurch wird ihm bewusst, dass er auch Objekt eines anderen sein kann. Das ist ein Element von dem, was phänomenologisch passiert im Moment der Scham. Und ich will vielleicht noch ergänzen, weil es anschließt an unser erstes Gespräch: Ich habe die Erfahrung gemacht, dass es ganz unterschiedliche kulturelle Codierungen gibt von dem, was an Körperlichkeiten mit Scham belegt ist und was nicht. Ich habe auch viele Szenen erlebt, in denen mir Menschen etwas unbedingt zeigen wollten, von dem ich erst einmal dachte, ich bin mir nicht so sicher, ob ich da jetzt nicht zu nahe komme oder ob das nicht zu indiskret ist. Krankenhäuser oder Leichenschauhäuser, das sind in Krisenregionen oft Orte, wo mir nackte, versehrte Körper gezeigt wurden, um zu dokumentieren, dass sie angegriffen, von hinten erschossen, verbrannt wurden, was auch immer.

Erinnern Sie sich an einen besonderen Fall?

In Haiti nach dem Erdbeben gab es Menschen, die durch herabstürzende Mauern verletzt und eingeklemmt gewesen waren, bei denen eine Beinamputation nötig war. Die hatten die überfüllten Kliniken dann bald ›nach Hause‹ geschickt. Aber es gab eben kein Zuhause mehr und keine hygienisch angemessene Versorgung einer frischen Wunde. Bei einigen hat sich dann im Alltag der zertrümmerten Post-Erdbeben-Landschaft, in den Lagern oder auf den Straßen von Port-au-Prince, die Wunde so infiziert, dass sie einige Zeit später erneut operiert und ein weiteres Stück des Beins abgenommen werden musste. Das ist jetzt nichts, was ich unbedingt aus der Nähe sehen oder miterleben möchte. Aber da gab es eine große Unbefangenheit, eben auch einen versehrten

Körper zu zeigen. Scham als Diskretion ist auch etwas, das man sich leisten können muss. Da war es wichtiger, zu bezeugen, wie schrecklich die Bedingungen und Zustände sind. Über all die Jahre, in denen ich gereist bin, habe ich ein endloses Spektrum an versehrten, an kranken, an hungrigen, an verstümmelten, an verletzten Körpern gesehen. Vermutlich hat es damit zu tun, dass mich auch die Darstellung von Körpern in der Kunst und im Film besonders interessiert. Und vermutlich irritiert mich deswegen auch die gesellschaftliche Normierung der Körper als ›schöne‹, ›perfekte‹, ›gesunde‹. Was da modelliert und codiert wird als ›normal‹, ist so verzerrt und entstellt. Ich bin selber jemand, die sehr gerne Sport treibt und gerne ein gutes Körpergefühl hat, aber mich widert dieses Verbergen der Vielfalt an Körperlichkeiten, die es real gibt, an.

In der Szene in Haiti spielt das Moment der Scham ja eigentlich auf beiden Seiten: auf der einen Seite im Sinne eines möglicherweise anderen Schamgefühls, das sich in der Bereitschaft zeigt, sich körperlich zu entblößen, wenn auch aus schrecklichen Gründen, und auf der anderen Seite im Sinne einer Scham, die man vielleicht auch als Scheu bezeichnen könnte.

Ja, das stimmt. Natürlich gibt es auch eine Scheu, Kranken und Verletzten zu nah zu kommen, sie in einer Situation als Fremde zu bedrängen, in der sie lieber unbeobachtet und allein wären. Diese Scheu ist auch zunächst richtig. Aber man muss sie überwinden, wenn man aufgefordert wird, nahe zu kommen, zuzuhören, was jemandem widerfahren ist, und eben auch die Verletzungen anzusehen, die jemandem zugefügt wurden. Da ist die Scheu dann fehl am Platz. Oder der Ekel. Wenn einem kranke Körper oder überhaupt Körperflüssigkeiten unangenehm sind oder sie einen verstören, dann ist das eher ungünstig. Ich habe so viele Arten von versehrten oder auch von hungrigen Körpern gesehen, dass es eine gewisse Vertrautheit gibt, dass mir nichts unbehaglich oder peinlich mehr ist. Nicht, dass mir das voyeuristische Lust bereitet, Menschen mit Schmerzen oder verstümmelte Leichen zu sehen. Natürlich nicht. Aber mein Blick auf Körper hat sich verändert.

Wir haben jetzt über Scham gesprochen, es fiel auch das Wort »Scheu«, und am Rande war auch schon vom Tabu die Rede. In *Wie wir begehren* haben Sie eine allgemeine Feststellung über Tabus getroffen, wenn Sie schreiben, die strukturelle Schwäche eines jeden Tabus bestehe darin, »dass es das, was es verbietet, nicht *genau* benennen kann oder darf, denn auch das wäre schon ein Durchbrechen des Tabus«. Inwiefern spielt im Umgang mit Körperlichkeit nicht nur das Moment der Scham eine Rolle, sondern auch die Unschärfe des Tabus?

Es gibt verschiedene Formen von Tabuisierung von Körpern. Die eine habe ich vorhin schon angesprochen: Körper werden tabuisiert, die sich nicht in die Zweigeschlechtlichkeit einordnen oder hineinzwängen lassen, also Menschen, die sich als nicht-binär identifizieren, als weder männlich noch weiblich. Das ist noch immer so unverstanden wie unsichtbar in unserer Gesellschaft. Das muss auch ich immer noch üben zu denken. Das war auch mir lange verborgen. Und ich merke, wie diese Tabus eben auch unsere Phantasien blockieren. Mich beeindruckt, was geschieht durch das Denken von nicht-binärer Identität, eben jenseits von oder zwischen Männlich und Weiblich – was da aufbricht oder sich erweitert. Das heißt nicht, dass nicht auch ich mich noch sprachlich verhaspelte oder die richtigen Pronomen mir immer gelängen. Da brauche ich auch noch Übung. Sprache ist eben gebrauchte Sprache – weswegen sie zu Recht immer wieder kritisch betrachtet wird, weil sich alle Vorurteile und Ressentiments in ihr einnisten oder von ihr transportiert werden. Es braucht auch etwas Zeit, bis sich Begriffe oder Sprechformeln wieder aus der Gewohnheit herausziehen lassen. Dann werden die Körper von Trans*Personen tabuisiert, deren Körper eine andere Bedeutung bekommen, die wandelbar sind, in denen etwas am Körper verändert oder angeglichen wird. Oder auch einfach Körper, die sich vielleicht durch Krankheit, durch Operationen, durch Altern, durch ein anderes Selbstverständnis oder ein anderes Körpererleben ändern. Das sind sehr starke Tabus. Der Widerstand gegen Trans*Identität, die Feindseligkeit, die diesen Personen und ihren Körperlichkeiten entgegengebracht wird, ist nur aus unreflektierten Tabuisierungen heraus zu erklären. Das zeigt sich auch daran, wie ungeheuer selten diese Leben oder Menschen als erzählbar und als zeigbar gelten. Wenn wir Filme schauen, dann bekommen wir Erzählungen vorgesetzt, aus denen bestimmte Körperlichkeiten und Sexualitäten herausgenommen werden. Das betrifft einerseits LGBTIQ*-Personen, aber es betrifft andererseits auch ältere Körper. Wie selten sehen wir Filme, in denen ältere Körper Lust empfinden, in denen ältere Menschen auch mit ihrer Erotik zu sehen sind. Das ist schon eine künstliche Konstruktion von normierter Körperlichkeit oder Lust oder Sexualität, die nichts mit unserer realen Erfahrungswelt zu tun hat. Das gilt für die Werbung genauso wie für den Film. Da werden kognitive Dissonanzen erzeugt, die man erst mal aushalten muss: Jede:r von uns erlebt doch im normalen Leben in der Kneipe, im Club, im Sportverein total andere Körperlichkeiten als die, die uns da medial vorgeführt werden. Ich finde diese aseptische, heterosexuelle, junge Welt, die da modelliert und vorgegeben wird, in der so viele Körperbilder, Geschlechterbilder fehlen, wirklich schrecklich. Die Unsichtbarmachung von älteren weiblichen Körpern ist ebenso ausgeprägt wie die Unsichtbarmachung von lesbischer Lust. Auch in der Pandemie konnte man das merken. Es war immer klar, es geht auch darum, dass Ältere geschützt werden müssen, und dann waren sie als Gesprächsgegenüber in den Talkshows kaum hörbar oder sichtbar. Das ist etwas, was mich sehr stört. Wir haben ja in einem früheren Gespräch über Traditionslinien und Referenzsysteme geredet. Und da ist mir wichtig, dass man immer in verschiedenen Generationen denkt, dass man die Bezüge herstellt zwischen den Älteren und den Jüngeren.

Aber es gibt doch schon Kampagnen, in denen ganz bewusst ältere Menschen in erotischen Situationen gezeigt werden.

Na, sehr verbreitet ist das eher nicht. Aber in einer älter werdenden Gesellschaft passt sich die Werbebranche dem notgedrungen an. Ich habe im vergangenen Jahr eine Gruppe von Schauspieler:innen begleitet im Prozess der öffentlichen Sichtbarmachung ihrer sonst marginalisierten Identität im Rahmen des #actout-Interviews für das *SZ-Magazin*. Und die haben sehr bewegend beschrieben, was sie beim Drehen so erleben. Also wie ein gleichaltriges Schauspieler:innenpaar, eine Frauenfigur und eine Männerfigur, im Film eine Erotikszene spielen sollte und dann der Körper der Frau ausgetauscht wurde mit einer jüngeren Schauspielerin, weil der ältere Körper nicht zu sehen sein sollte, wohingegen das Alter des Mannes oder die Art und Weise, wie sein Körper aussieht, noch als filmisch akzeptabel galt. Da gibt es schon brutal sexistische und misogyne Zuschreibungen, wie Frauenkörper auszusehen haben im Film, und es gibt ganz andere Erwartungen an Männerkörper. Natürlich gibt es mehr und mehr Versuche, das zu unterlaufen und zu durchbrechen. Und die Kampagne von #actout will genau das auch. Aber es stehen dem eben noch diese störrischen Tabus entgegen.

Eine Besonderheit des Nachdenkens über Körperlichkeit besteht ja darin, dass es nicht einen Gegenstand hat, der einem gegenübersteht, sondern einen Gegenstand, aus dem heraus gedacht wird. Würden Sie sagen, dass das Nachdenken über Körperlichkeit anders verläuft als das Nachdenken etwa über eine gesellschaftspolitische Frage, die zunächst einmal nichts mit Körperlichkeit zu tun hat?

Das kann ich nicht sagen. Aber ich kann vielleicht erläutern, warum es mir nah ist. Das hat zum einen damit zu tun, dass ich sehr in meinem Körper ruhe. Etwas mit meinem Körper zu tun, mich körperlich anzustrengen, liegt mir. Ich agiere auch viel mit dem Körper. Ich fasse auch andere gerne an und berühre sie gerne. Dann hat es sicherlich etwas zu tun mit Sexualität und Begehren, dass man, wenn man queer ist wie ich, die Signale des eigenen Körpers besonders ernst nimmt, dass man sie nicht wegdrücken kann, dass man sie nicht für nebensächlich, nicht für verbergbar halten kann, dass sie alles andere übertrumpfen können. Und schließlich hat es auch damit zu tun, dass der Körper eines der Konfliktfelder für gesellschaftliche Auseinandersetzungen ist und daran erkennbar wird, was als unerwünscht, als krank, als pervers, als andersartig gilt. Diese ideologischen Auseinandersetzungen im Konfliktfeld von Körper und Sexualität finde ich philosophisch-politisch interessant. Aber auch literarisch: also die Frage der künstlerischen Aneignung von Körpern, wie sich anders von Körpern erzählen ließe, wie eben auch andere, ambivalentere, fluidere Formen dargestellt werden können und wie sich anders vom Begehren erzählen ließe.

Um zum Abschluss unseres Gesprächs noch einmal auf die Pandemie zurückzukommen: Wenn die akute Symptombekämpfung vielleicht doch einmal abgeschlossen sein wird, wird man sich an die Ursachenforschung machen müssen. Haben Sie eine Vorstellung, in welche Richtung sie gehen könnte?

Ich bin da auch nur Laie. Aber ich vermute, man wird die Pandemie zum Anlass nehmen müssen, nach den gesellschaftlichen Ursachen von Zoonose zu fragen. Man wird fragen müssen, ob diese Pandemie auch eine Folge der Ausbeutung von Ressourcen ist, einer Schonungslosigkeit gegenüber der Natur. Man wird fragen müssen, ob die Entstehung dieses spezifischen Virus etwas zu tun hat mit einer Lebensweise, die komplett rücksichtslos ist gegenüber den Lebensräumen von Tieren. Und man wird sich fragen müssen, welche Konsequenzen es hat für unsere Lebensformen, dass dieses Virus sich so rasant verbreiten konnte. Das sind alles ethisch-ökologische Fragen, die sich auch ohne die Pandemie schon gestellt haben und die wir immer wieder verdrängt und verschoben haben. Wie sinnlos es ist, die Wirklichkeit zu leugnen, wie destruktiv es ist, die Auswirkungen der Zerstörungskraft des fossilen Zeitalters zu negieren, wie kurzsichtig es ist, den Raubbau an der Natur zu ignorieren, sehen wir. Es ist ja kein taktischer Gewinn, Zeit zu schinden und die nötigen Transformationsprozesse später zu beginnen, so wenig, wie es sich auszahlte, die Kontaktbeschränkungen oder die Impfkampagne hinauszuzögern. Was da als Rücksichtnahme auf die Bürgerinnen und Bürger ausgegeben wird, ist gerade im Gegenteil rücksichtslos, weil es die Kosten, die menschlichen und die ökonomischen Kosten, nur katastrophal erhöht.

DISTRIBUTION DES WISSENS

Fünftes Gespräch

Ich möchte ins letzte Gespräch wiederum einsteigen mit einem Zitat aus Ihrem *Journal*, dem *Tagebuch in Zeiten der Pandemie*. Dort handelt ein Eintrag vom April 2020 von den medizinischen Desinformationen, die Donald Trump während der Pandemie ungehindert und ungefiltert verbreiten konnte, und kommt zum Schluss: »Wie die Distribution von Wissen und Informationen im Zeitalter der Monopole Google und Facebook gesichert werden kann, ist eine der großen demokratie-theoretischen Fragen, die nicht erst seit dem Brexit in ihrer Dramatik erkennbar wurde. Ohne geteiltes Wissen, ohne öffentliche Selbstverständigungs-Diskurse, ohne politischen Streit über die soziale, ökonomische, ökologische Wirklichkeit kann es keine freie, offene Demokratie geben.« Das ist einerseits ein systemtheoretischer Befund und andererseits eine Diagnose des Zustands unserer Debattenkultur und unseres gesellschaftlichen Verhältnisses zur Wahrheit. Welchen Strukturwandel der Öffentlichkeit erleben wir gerade?

Wir verstehen Demokratie als Ordnung seit Rousseau als Volkssouveränität. Im weitesten Sinne herrscht also das Selbstverständnis, dass diejenigen, die von einer politischen Entscheidung oder von Gesetzen betroffen sind, auf die eine oder andere Weise beteiligt werden an der Entstehung dieser Entscheidungen. Das kann durch verschiedene Verfahren geregelt sein, es kann direkte Volksentscheide oder Voten beinhalten, oder es kann durch Wahlen delegiert werden an Repräsentant:innen. Aber der Kern der Demokratie bleibt das Prinzip der Volkssouveränität, also die Überzeugung, dass die Adressaten und Autoren einer politischen Entscheidung verbunden sind. Wir müssen mitsprechen dürfen bei dem, was über uns und unsere Leben bestimmt wird. Aber dazu braucht es in einer deliberativen Demokratie die Möglichkeit einer Verständigung im öffentlichen Raum. Wenn wir mitbestimmen wollen, müssen wir vorher auch an die nötigen Informationen kommen, wir müssen uns austauschen und verhandeln können, welche Werte oder welche Überzeugungen uns leiten sollen. Dazu braucht es nicht nur normative Verständigungsdiskurse, sondern es braucht auch trockene, fundierte Tatsachen, wissenschaftliche Erkenntnisse oder zumindest Einschätzungen: ökologische Bestandsaufnahmen, ökonomische Bestandsaufnahmen, soziale Bestandsaufnahmen und so weiter. Wir brauchen Räume, in denen Wissen und Informationen zirkulieren und in denen wir uns auseinandersetzen und verständigen können, wie wir leben wollen. Wenn diese Selbstverständigungsdiskurse nicht stattfinden oder nicht stattfinden können, klafft da eine dramatische Lücke im Kern der Demokratie. Der Raum, der zwischen Regierung und Bürger:innen, zwischen Parlament und demokratischer Zivilgesellschaft vermittelt, dieser Raum ist auf einmal prekär. Das ist, was wir seit einiger Zeit erleben: Wir wissen in diesem erneuten Strukturwandel der Öffentlichkeit durch Plattformökonomien nicht mehr, wo informierte gemeinsame Willensbildung im traditionellen Sinne stattfindet. Natürlich gab es Öffentlichkeit immer schon nur im Plural. Natürlich gab es immer schon fragmentierte, vielfältige Räume, in denen mit unterschiedlichen Zugän-

gen zu Wissen oder Sprache operiert wurde. Aber trotzdem bedeuten die Monopole von Facebook und Google,
die eskalationsaffinen Kommunikationen via Telegram und
Twitter schon eine Zäsur. Die manipulativen Kampagnen
von staatlichen und nicht-staatlichen Akteuren über die sozialen Medien bedeuten gespenstische Diskurssubversion
und auch Aushöhlung demokratischer Ressourcen.

**In dem Zitat, das ich vorgelesen habe, fällt ja ein Stich-
wort aus der jüngsten Zeitgeschichte: Brexit. Inwiefern
ist der Brexit aus Ihrer Sicht eine Art Brennglas, unter
dem der Zustand der westlichen Demokratien erkennbar
wird?**

Der Brexit war die historische Bruchstelle. Da gab es ein
Votum, in dem Bürgerinnen und Bürger über eine natio-
nal und international folgenreiche Frage abstimmen durf-
ten, aber offensichtlich so mit Lügen und Desinformationen verblendet worden waren, dass sie mithin gegen ihre
eigenen Interessen abgestimmt haben. Ich will gar nicht
sagen, dass es keine Gründe gegeben hätte, für den Brexit zu stimmen. Sondern ich will sagen, dass die Grund-
lagen der Abstimmung ausgesprochen verzerrt waren.
Und wir wissen inzwischen auch, dass das nicht nur die
notorische »Murdoch«-Presse war, die da mit Desinformation und Ressentiments agitiert hat. Sondern dass auch
Russland fröhlich mitgemischt hat, aus schierer Lust an der
Disruption der europäischen Demokratien. Ich habe den
Brexit als einen der dramatischsten politischen Einschnitte
zumindest in meiner Lebenszeit empfunden. Nicht nur in
der Konsequenz, dass das Vereinigte Königreich tatsächlich ausgetreten ist aus der EU – da war schon auch sehr
viel imperialer Selbstbetrug dabei, der jetzt bitter bestraft
wird –, sondern vor allem als Menetekel der Demokratie im

Zeitalter der Digitalisierung. Mich hat es völlig irritiert, wie danach die hiesigen Medien und der politische Diskurs einfach weitermachten, als sei nichts geschehen. Als stellte eine solch gigantische Diskursmanipulation, ein solches Votum voller sozialem Zorn uns nicht vor ungeheure Aufgaben. Ich hatte erwartet, dass wir uns befragen, wie es gelingt, die soziale Melancholie ernst zu nehmen und zugleich die Art und Weise, wie sie mobilisiert und dann kanalisiert wurde, kritisch zu reflektieren. Ich hatte erwartet, dass wir uns befragen, wie sich journalistische Formate ändern müssen, wie sich Wissen und Information eigentlich distribuieren lassen. Für mich war am Brexit und dann an der amerikanischen Wahl 2016 zu sehen, dass gezielte Desinformation nicht nur einzelne Entscheidungen beeinträchtigen kann, sondern dass Lüge und Desinformation die Grammatik von Demokratie überhaupt gefährden.

Wenn die Möglichkeit einer Verständigung im öffentlichen Raum auf dem Spiel steht, müsste man sich dann nicht vermehrt fragen, wer diese Öffentlichkeit überhaupt ist und wie sie hergestellt wird? Häufig wird sie ja einfach vorausgesetzt.

Nein, die kann man nicht voraussetzen.

Also sich fragen, wie das spezifische Ineinander, Gegeneinander, Nebeneinander und Übereinander der Diskurse funktioniert, wie das Verhältnis von öffentlich und privat ist, welche Mittel, Player, Kanäle und Interessen im Spiel sind?

Wie gesagt: Öffentlichkeiten gibt es immer nur im Plural. Es entstehen immer wieder Gegenöffentlichkeiten, die infrage stellen, wer sichtbar und wer unsichtbar ist, wie die

Zugänge, die Schwellen, die Hierarchisierungen sind, wer eingeladen wird, wer schreiben, wer sprechen darf. Und es gab auch immer semi-öffentliche, semi-private Räume, in denen sich erst bestimmte soziale Gruppen als Gruppen bilden konnten. Ich war am Anfang, als die sozialen Medien aufkamen, hoffnungsvoll. Ich habe gedacht, dass die sozialen Medien ähnlich wie die historischen Salons des Bürgertums funktionieren würden. Dass es also semi-private Räume wären, durch die sich Personen, die sonst eher vereinzelt sind, verbinden können, sodass auch politische Subjekte entstehen könnten, die es vorher so noch nicht gegeben hatte. Und mir schien die arabische Revolution genau dafür ein Hinweis zu sein. Die lässt sich nicht allein über soziale Medien erklären, da waren auch sehr klassische politische Akteure involviert. Aber für die Organisation und Mobilisierung spielten die sozialen Medien doch eine andere, neue Rolle. Und darin lag meine anfängliche Hoffnung, dass diese anderen Räume helfen könnten, eine kritische Öffentlichkeit herzustellen.

Und eine Polyphonie zu erzeugen, musikalisch gesprochen.

Ja. Diese Hoffnung ist komplett entzaubert worden. Im Nahen Osten und im nordafrikanischen Raum war sehr schnell zu sehen, wie die Geheimdienste, wie staatliche Akteure hineingegangen sind und diese sozialen Räume als sichere Räume zerstört haben. Aber im Moment sehen wir die Großkonzerne mit monopolähnlichen Strukturen – das sind parastaatliche private Akteure. Es gibt jetzt so zaghafte Versuche, wie das zu regulieren wäre und wie die Plattformen eben doch verantwortlich gemacht werden könnten. Joseph Vogl hat in seinem neuen Buch *Kapital und Ressentiment* auch darüber gesprochen, wie sich diese

141

Plattformökonomien als souveräne Wissenssubjekte nach rein marktwirtschaftlichen Kriterien präsentieren können. Und wie sie dafür im Grunde genommen die Vorstellung von freier Meinungsäußerung in Geiselhaft genommen haben, um komplett unreguliert, komplett unkontrolliert, komplett ohne jegliche Kriterien von Richtig und Falsch oder Wahr und Unwahr agieren zu können. Ich habe mir die Anhörungen von Mark Zuckerberg im amerikanischen Senat angeschaut. Die Art und Weise, wie sich Senatoren da selbst verdummt haben und so getan haben, als verstünden sie gar nicht, und wie ja auch Zuckerberg so tat, als sei die Mechanik der Algorithmen, mit denen Facebook betrieben wird, ihm selber ein komplettes Rätsel und undurchschaubar – das war schon absurdes Theater. Und bei Trump ist es dann natürlich allen deutlich geworden, was es bedeutet, wenn sich Instrumente wie Twitter in den Händen eines (*zögert*) …

… zu jeglicher Form von Wahrheit in einem schwer gestörten Verhältnis stehenden Menschen befinden.

Ja, und mehr noch. Twitter als Instrument einer »White Supremacy«-Ideologie. Da geht es nicht nur um Desinformation, sondern da geht es tatsächlich um Aufstachelung zu Gewalt. Es geht um Demütigung, um rassistische Agitation. Und damit eben auch um eine Normalisierung und eine Legitimierung von White Supremacy. Vielleicht noch einen letzten Satz in diesem Kontext zu Trump: Es hatte schon etwas von einer faschistoiden Miliz. Er brauchte keine Miliz auf der Straße, die Angst und Schrecken verbreitet. Sondern es reichte, mit diesem Instrument und seiner Durchschlagskraft so hemmungslos wie menschenverachtend agieren zu können. Beim Sturm auf das Kapitol hat er dann doch tatsächlich seine Anhänger aufgefordert und angeleitet.

Ich will eine Metapher aufgreifen, die in unserem Gespräch bereits mehrfach gefallen ist, nämlich die Metapher des Raumes. Sie haben vom öffentlichen Raum gesprochen, Sie haben von sicheren und geschützten Räumen gesprochen, Sie haben von missbrauchten und zerstörten Räumen gesprochen. Lässt sich denn benennen, welche gemeinsamen Räume es überhaupt noch gibt? Und welche es nicht mehr gibt? Und welche es bräuchte?

Das ist für mich eine der ganz großen Fragen, die sicherlich auch noch einmal anschließt an die frühere Frage nach der Rolle einer öffentlichen Intellektuellen. Denn damit verbindet sich ja auch die Frage, wie sich überhaupt kritisch Einspruch erheben lässt. Wo sind dafür geeignete Räume, mit welchen Sprechformen, welcher Performativität, mit welchen künstlerischen Ausdrucksformen interveniere ich am besten, wie schaffe ich Räume, in denen sich vielleicht Menschen begegnen, die sich sonst in ihren jeweiligen Lebenswelten nicht begegnen? Wenn wir das Thema von vorher noch einmal aufnehmen: Wo finden heute die Prozesse der demokratischen Willensbildung statt? Dann wissen wir das eigentlich nicht so genau. Im Fernsehen, in den Gesprächsformaten, die dafür eigentlich mal gedacht waren, jedenfalls nicht. Da wird zum Teil mutwillig, zum Teil ahnungslos ein falsches Verständnis von Unparteilichkeit oder Neutralität zelebriert. Das führt am Ende wirklich zu blankem Relativismus. Wenn alles angeblich in Kontroversen aufgefächert werden soll, weil das als ›neutral‹ gilt, wenn so getan wird, als gäbe es zu allem gleich vernünftige, gleich begründbare Meinungen, wenn sich niemand mehr traut, Unfug auch als Unfug zu deklarieren, dann verlieren wir jeden Bezug zur Wirklichkeit und zur Wahrheit. Das ist Zynismus pur. Und dann werden Personen eingeladen, die wissenschaftliche Erkenntnisse unterlaufen oder Ressentiments normalisieren – es ist verantwortungslos. Diese Formate und Programme sind definitiv nicht geeignet für die demokratische Willensbildung. Mein Eindruck ist, dass es im Moment eher informelle soziale Kontexte sind, in denen Meinungsbildung stattfindet. Dass es also Kantinen sind oder Gemeindehäuser, dass es Sportstätten und Sportvereine sind, Clubhäuser, aber auch Bars, Kneipen, Theater, Museen. Es braucht eben Kontexte, in denen ich mich zu fragen traue, in denen ich auch mal Intuitionen testen kann, in denen ich auch zögern oder zweifeln kann – ohne dass das sofort ausgebeutet wird. Ich halte es für wichtig, dass man nicht nur exklusive Kulturräume als die Räume definiert, in denen demokratische Willensbildung stattfindet, sondern eben auch Kleingärten oder Kegelbahnen, was auch immer. Also Orte, an denen Menschen zusammenkommen und miteinander reden, die vielleicht nicht zusammenwohnen oder nicht automatisch dieselbe politische oder soziale Ansicht teilen. Dort findet der Austausch statt. Und das muss man organisieren. Wenn ich mir die »Querdenker«-Demonstrationen anschaue, aber auch schon zuvor die »Pegida«-Demonstrationen, dann fällt dort im Gespräch auf, dass sich immer weniger Menschen versammeln, die noch irgendetwas von dem, was wir »Journalismus« nennen, rezipieren. Was dieses Spektrum von eher esoterischen oder anthroposophischen Impfgegner:innen bis hin zu radikalen Rechten eint, ist eine Wissenschaftsfeindlichkeit, die sich aber den Gestus des Wissenschaftlichen gibt. Sie inszenieren sich als diejenigen, die Zugang zur höheren Wahrheit haben – und wir haben die Quelle der Erkenntnis nur noch nicht entdeckt. Was sie sonst noch gemeinsam haben, ist vielfach die Verachtung für den öffentlich-rechtlichen Rundfunk.

Wenn man Ihnen zuhört – Kantinen, Kneipen, Kegelbahnen –, so bedeutet das doch zumindest eine Schrumpfung der Räume, in denen überhaupt noch Aushandlungsprozesse stattfinden können.

Ja, und ich glaube, man muss auch benennen, warum. Wir sehen doch, dass auf Twitter beispielsweise Frauen, die sich dort äußern, massiv angefeindet und angegriffen und mit Gewaltphantasien überzogen werden. Und so systematisch verdrängt werden aus diesen Räumen. Oder die rassistischen Anfeindungen, die es dort gibt, die antisemitischen, die homo- und trans*feindlichen. Es ist ja nicht zufällig, wer eingeschüchtert und hinausgedrängt wird. Und das ist umso tragischer, wenn man bedenkt, dass das die Räume waren, von denen man zunächst hoffte, sie könnten eine Chance und eine Gelegenheit sein, sich zu verbinden und andere Menschen zu finden, die politisch oder gesellschaftlich isoliert sind. Was wir dort erleben: die Vertreibung bestimmter Stimmen und bestimmter Personen aus diesen Foren und Formaten, die Destabilisierung und Unterwanderung all dessen, was Instrumente gesellschaftlicher Selbstverständigung sein könnten, das sukzessive Aushöhlen aller Institutionen, die am Gemeinwohl orientiert sind, die Zerstörung der *res publica* – das ist natürlich interessegeleitet. Das ist das Programm autoritärer Bewegungen und Regime. Und es ist erschütternd, wie das immer noch nicht ausreichend in den Parteien und Parlamenten angekommen ist. Wir müssen als Demokratie viel mehr darüber nachdenken, wie wir uns wappnen können gegen Diskurssubversion und Cyber-Angriffe. Wir erleben gerade jetzt in der Pandemie, aber auch bei der Flutkatastrophe in Nordrhein-Westfalen, wie sofort Bewegungen und Akteure Verschwörungsideologien verbreiten, wie sie Angst schüren in einer Situation, in der sowieso schon ungeheure Angst und

Verunsicherung und auch Kummer da sind, um sie auszubeuten für ihre eigenen Zwecke. Und ich vermute, dass das
zunehmen wird. Darauf muss man sich einstellen.

**Aus einer historischen Perspektive könnte man ja
auch sagen, Strategien der Verunklarung, der Unter-
drückung bestimmter Wahrheiten und der Verbreitung
von Halbwahrheiten oder Unwahrheiten, hat es immer
schon gegeben, Stichwort politische Propaganda. Was
ist denn das Novum oder das Spezifikum an der Form
von Desinformation, wie wir sie heute erleben?**

Die Technik schafft schon andere Möglichkeiten der Ma-
nipulation und Subversion. Schon allein Deepfakes, Fälschungen von solcher technischen Brillanz, dass sie wirklich schwer zu erkennen und zu identifizieren sind. Und
das macht es für diejenigen, die mit solchen Fälschungen
denunziert oder belastet werden sollen, schwer, den Nach-
weis zu erbringen, dass sie es gar nicht sind. Das ist das
eine. Das andere ist, wenn wir uns Texte anschauen wie
Leo Löwenthals *Falsche Propheten*, der die faschistischen
Agitatoren der vierziger Jahre in den USA analysiert, so lassen sich natürlich strukturelle Ähnlichkeiten zur heutigen
Zeit erkennen. Aber das, was damals noch Flugblätter waren, was mühsamst durch einzelne Auftritte in einzelnen
Hallen hergestellt werden musste oder dann vielleicht im
Radio verbreitet werden konnte, ist jetzt in unvergleichlich
schnellerer und potenterer Weise zu vervielfältigen – dagegen waren die vierziger Jahre nichts. Gerade jüngst hat
uns die Veröffentlichung der Investigativrecherche der
»Pegasus«-Papiere das Ausmaß vor Augen geführt. Wir sehen es auch an Ländern wie China, wo die Möglichkeiten
totalitärer Überwachung, totalitärer Kontrolle, totalitärer
Ausspionierung auch noch der intimsten privaten Lebens-

bereiche voll ausgeschöpft werden. Und der dritte Punkt ist vielleicht die Art und Weise, wie hybride Kriegsführung ermöglicht wird. Ich vermute, das wird zunehmen, ich vermute auch, dass die Neigung von autoritären Staaten oder Aggressoren, gar kein menschliches Personal mehr einzusetzen, um Feinde zu schädigen, sondern Cyber-Angriffe zu steuern, massiv zunehmen wird. Darauf sind wir nur unzureichend eingestellt.

Wenn wir von Leo Löwenthal sprechen: Es gibt ein Zitat von Theodor W. Adorno, das Sie in Ihrem Pandemie-Journal als Motto verwenden. Es stammt aus dem Vortrag *Aspekte des neuen Rechtsradikalismus*: »Das Charakteristische für diese Bewegungen ist vielmehr eine außerordentliche Perfektion der Mittel, nämlich in erster Linie der propagandistischen Mittel in einem weitesten Sinne, kombiniert mit Blindheit, ja Abstrusität der Zwecke, die dabei verfolgt werden.« Der Satz stammt von 1967, wir sprechen 2021, und ich frage mich, ob er in seiner Schlussfolgerung noch stimmt oder ob hier nicht die Zwecke zu tief angesetzt werden. Müsste man die analytische Aufmerksamkeit nicht stärker auch auf die Zwecke richten, die mit propagandistischen Mitteln verfolgt werden? Wer sie abstrus nennt, legt sie analytisch einfach zur Seite.

Ich weiß nicht, ob das an der Stelle so gemeint ist, aber ich verstehe die Frage. Ich glaube, dass man sich mit beidem beschäftigen muss, mit den Mitteln und mit den Zwecken. Wenn ich meine eigene Lebenszeit und meine Auseinandersetzung mit Rechtsradikalismus nehme, dann spielt die Verfügbarkeit von Propagandamitteln schon eine große Rolle. Als ich Ende der neunziger Jahre über Skinhead-Kultur und rechtsradikale Szenen geschrieben habe, fuhren noch Neonazis nach Dänemark oder nach Polen, um an die Texte oder an die Musik zu kommen, die hier verboten waren. Das ist natürlich vorbei. Heute ist alles verfügbar, jederzeit. Es ist für die Behörden auch schwerer, volksverhetzendes Material zu regulieren oder die Netzwerke und ihre Kommunikationsformen zu unterbrechen. Aber der Rechtsradikalismus profitiert nicht nur von anderer Kommunikationstechnik. Manche Entwicklungen sind schon lange absehbar gewesen, da haben sich Strukturen und Ideologien auch kontinuierlich verfestigt und sozial verankert. Schon Ende der neunziger Jahre war sichtbar, dass sehr viele Rechtsradikale versuchten, in die Feuerwehren zu gehen, in die Fußballvereine. Dass sie sich also sehr flächig und sehr bürgernah organisiert haben. Und diese Strategie, in der kulturelle Hegemonie erzeugt werden sollte, die geht auf. Was sich verändert hat, denke ich, ist die Verbundenheit von Szenen, die früher eher getrennt voneinander existierten: die rechten Intellektuellen, die rechten Parteien, die früher immer mal wieder auftauchten, aber schnell wieder aus den Parlamenten verschwanden, und die rechte, gewaltbereite Szene auf der Straße. Heute sind diese Milieus durchlässiger und miteinander verbunden, und es gibt die AfD als politische Repräsentation im Parlament. Das ist fatal.

Sie haben jüngst dazu aufgerufen, das Verhältnis von Demokratie und Wahrheit neu zu denken. Ich will die Frage nicht allzu essenzialistisch stellen, im Sinne von: Was ist demokratische Wahrheit? Aber vielleicht könnte man sie so stellen: Woran erkennen wir demokratische Wahrheit? Und ist »Wahrheit« das richtige Wort? Müsste es nicht »Wahrhaftigkeit« heißen?

Natürlich birgt das Reden von »Wahrheit« in einem demokratietheoretischen Kontext sofort die Gefahr, dass man den Begriff platt auflädt. So naiv dürfen wir auch nicht sein. Ich erinnere mich noch an die »March for Science«-Demonstration zur Zeit der Trump-Präsidentschaft. Da gab es auch Schilder und Plakate, die so ein Wahrheitspathos propagierten. Das hatte mit der Gefahr zu tun, die von der »Post truth«-Politik von Donald Trump ausging. Und trotzdem würden wir natürlich normalerweise immer von guten Gründen sprechen, wir würden von Wahrheitsannäherung oder Wahrheitsorientierung sprechen. Und dann eben von Indizien oder Beweisen, von Annahmen oder von Fakten. Es geht um wissenschaftliche Methodik. Es geht um die Rechtfertigung von Überzeugungen mit möglichst guten Gründen.

Und um Nachvollziehbarkeit.

Ja, und das bedeutet für mich auch immer, einen Zweifel mitzuführen bei jeder Argumentation. Es bedeutet für mich, immer einen Einwand gegen mich selbst bereitzuhalten. Trotzdem macht es eben im Angesicht der populistischen Mobilisierung durch autoritäre Bewegungen und Regime durchaus Sinn, von einer wechselseitigen Abhängigkeit von Demokratie und Wahrheit zu sprechen. Die antidemokratische Gefahr geht von denen aus, die komplett frei von jedem Bezug zu einer gemeinsam geteilten, überprüfbaren Wirklichkeit agieren. Da brauche ich die Wahrheit als Gegenbegriff. Aber es ist gut, dass Sie nachfragen, weil man nicht naiv oder unbescheiden werden soll gegenüber der eigenen Begründungspflicht. Es ist tatsächlich nicht folgenlos, vier Jahre lang jemanden wie Donald Trump gehabt zu haben, der permanent lügt. Und wir müssen gar nicht nur auf Trump schauen. Gerade gestern ist eine Labour-Abgeordnete des Parlaments verwiesen worden, weil sie im Parlament gesagt hat, Boris

Johnson habe das Parlament andauernd belogen. Und sie hat eine Lüge nach der anderen aufgereiht und ist dafür verwarnt worden, nicht Boris Johnson. Das ist etwas anderes als ein Versehen oder ein Fehler. Notorisches Lügen entspringt kompletter Gleichgültigkeit gegenüber der Wirklichkeit. Und damit wird jede Form von Intersubjektivität unterwandert. Es unterwandert all das, was uns ... Ich rede mich hier richtig in Rage, aber es geht eben nicht einfach darum, lügt der zwanzigmal oder hundertzwanzigmal, sondern es geht darum, was eigentlich mit unserem Miteinander passiert, wenn Politiker die ganze Zeit Lügen verbreiten können. Wenn wir auf die großen Herausforderungen unserer Gegenwart schauen, die Pandemie, die Renaissance von neovölkischen autoritären Bewegungen und Regimen, die Klimakrise, dann ist ihre Bewältigung essenziell davon abhängig, dass wir eine Wirklichkeit nachvollziehbar, begründbar beschreiben und analysieren können. Und wir bestehen diese Herausforderungen, wir überleben sie nur, wenn wir das skeptische, wissenschaftliche, nachvollziehbare Denken verteidigen mit allem, was wir haben. Deswegen sprach ich von einer neuen Aufklärung.

Wobei der Begriff der Aufklärung ja ein heikler Begriff ist.

Es ist natürlich ein heikler Begriff, wir wissen um die Verwerfungen und die inneren Gewaltförmigkeiten von vielen Philosophen der Aufklärung. Es kann keinen Bezug auf die Aufklärung geben, der das verharmloste, also beispielsweise die Zusammenhänge zwischen Aufklärung und Kolonialismus oder die Dialektik der Aufklärung. Aber ich finde trotzdem, man muss es immer noch mal sagen.

Sie sprechen, gerade in Bezug auf die neue Aufklärung, häufig in der ersten Person Plural. Sie sprechen von einem »Wir«. Wer ist das? Mit anderen Worten: Wer soll diese neue Aufklärung leisten?

Wenn ich von einem »Wir« spreche, meine ich im Wesentlichen diejenigen, die sich gegen autoritäre, revisionistische, neovölkische Bewegungen stellen. Also alle, die an einer offenen demokratischen Gesellschaft Interesse haben. Ob es dann eher konservative oder liberale oder linke Positionen sind, die dieses demokratische Wir ausfüllen, spielt dafür keine Rolle.

Was ja eigentlich ein Umstand ist, der einen mit einer gewissen Hoffnung erfüllen könnte: Es ist ein Problem, das alle demokratischen Parteien angeht und deshalb vielleicht auch angegangen wird.

Das wäre schön. Aber wenn ich mir die Klimafrage ansehe, ist es doch erschütternd, dass wir da noch argumentieren müssen. Welche Dringlichkeit die anstehenden Transformationen haben, wird doch von vielen noch abmoderiert und verklärt. Natürlich kann es Dissens geben darüber, welche Instrumente und welche Mittel eingesetzt und welche Kosten wie umverteilt oder nicht umverteilt werden. Es kann konservativere oder liberalere oder progressivere Antworten darauf geben. Aber dass wir überhaupt noch diskutieren müssen, dass die Klimafrage diejenige ist, die schon längst hätte beantwortet werden müssen, kann ich nicht verstehen.

Das wirft natürlich auch die Frage nach dem Stellenwert der Wissenschaft in unserer Gesellschaft auf. Die Wissenschaft war ja noch nie eine Angelegenheit, die von

sich aus in einem größeren gesellschaftlichen Echoraum Widerhall fand, sondern eher die Bestrebung einer kleinen Schicht oder Gruppe. Aber wenn man in der Gegenwart eine radikale Wissenschaftsfeindlichkeit konstatiert, wie Sie es getan haben, schließt sich die Frage an: Wo liegen die Gründe?

Bleiben wir beim Beispiel Klimaforschung: Es ist ja nicht so, dass jetzt plötzlich zufällig eine gewisse Skepsis gegenüber der Wissenschaft aufgekommen wäre, gegenüber den Umweltwissenschaften oder der Klimaforschung, sondern da gibt es natürlich Lobbying, da wird auch sehr viel Geld eingesetzt, um die Klimaforschung zu diskreditieren.

Also ökonomische Interessen. Und sobald es sich nicht mehr rechnet, wird die Strategie geändert.

Ja, aber wir sehen Wissenschaftsfeindlichkeit eben nicht nur auf den Feldern, die mit ökonomischen Interessen verbunden sind. Sondern wir sehen radikale Wissenschaftsfeindlichkeit auch in einer ganzen Reihe von osteuropäischen Staaten, in denen es um den Umbau von liberalen Demokratien in illiberale Staaten geht. Dort ist Wissenschaftsfeindlichkeit oder das Vorgehen gegen Künstler:innen eines der starken Kulturkampfinstrumente. Wir sehen diese Spirale der Repression und der Gängelung gegenüber Museen und Theatern, wir sehen das in den Auseinandersetzungen über Erinnerungspolitik. Wenn wir uns anschauen, was in Ungarn oder Polen an radikaler Wissenschaftsfeindlichkeit grassiert, dann ist das Teil eines autoritären Umbauprozesses dieser Gesellschaften. Dazu zählen auch die Angriffe auf die Verfassungsgerichte, auf die Gerichtsbarkeit als solche. Die Aushöhlung der Gewaltenteilung, die Verhinderung von unabhängigem Journalismus, die Einschränkung der Räume von unabhängiger kritischer Wissenschaft – das ist dort über Jahre hinweg zu beobachten gewesen. Wir haben es also mit verschiedenen Formationen oder Konfigurationen von radikaler Wissenschaftsfeindlichkeit zu tun.

Könnte auch die Wissenschaft selber mehr tun, um die eigene Glaubwürdigkeit zu stärken? Indem sie zum Beispiel öffentliche Wirksamkeit als universitäres Karrierekriterium akzeptiert?

Da schließt sich jetzt ein Kreis. Ich bin ja rausgegangen aus der Universität, ich bin nicht in der Akademie. Natürlich würde ich mir wünschen, dass es mehr Forscher:innen gäbe, die in der Öffentlichkeit intervenieren, die genau diese Orte und Räume suchen, von denen wir vorher gesprochen haben, Räume, die niederschwelliger sind und in denen die Distribution von Wissen andere Formen und andere Sprachen und andere Genres finden muss. Der Fairness halber würde ich aber aus der Außenperspektive auch sagen, dass die Art und Weise, wie die Universitäten reformiert wurden, zur Folge hatte, dass mehr und mehr Wissenschaftler:innen unter einem permanenten Drittmitteldruck stehen. Und da bleibt auch weniger Zeit. Es wäre wohlfeil, jetzt von außen zu sagen, warum macht ihr nicht mehr. In der Pandemie war es wirklich mal eine Ausnahme, dass Wissenschaftler:innen eine größere Sichtbarkeit hatten in der öffentlichen Arena. Aber dafür sind sie auch prompt angefeindet und bedroht worden. Ich kann gut verstehen, dass da manche nun zögern, ob sie sich und der eigenen Familie das antun sollen. Mal abgesehen von der mitunter wirklich wahnwitzigen Vorstellung der Talk-Formate, ernsthafte Wissenschaftler:innen und unseriöse Dumpfbacken zusammen einzuladen, sodass jedes

Gespräch vor allem die Energieleistung verlangt, falsche und verzerrende Darstellungen immer wieder zu kassieren. Dadurch kommt man dann nie zu den eigentlich interessanten oder auch kontroversen Punkten, weil man immer mit Pseudo-Kontroversen befasst ist.

Noch eine allerletzte Frage: Es gibt eine Wendung, die ich häufig bei Ihnen gelesen habe und die mir, muss ich gestehen, mittlerweile ans Herz gewachsen ist. Sie lautet: »irritierbar sein«. Können Sie schildern, was die Voraussetzungen dafür sind? Und vielleicht auch, wie man es wird? Und wie man es bleibt?

(*Lacht.*) Wie man es wird oder wie man es bleibt, weiß ich nicht genau, aber in der Tat ist mir das ausgesprochen wichtig. Mit »irritierbar bleiben« oder »irritierbar sein« meine ich zunächst einmal, dass man noch staunen kann. Dass man sich überraschen lässt von Eindrücken, von Menschen, von Situationen. Aber eben auch von Argumenten, die man vorher nicht gesehen oder nicht bedacht hat. Und im politischen Kontext kann »irritierbar bleiben« bedeuten, dass man immer bezweifeln kann, was man bis gestern oder bis soeben gedacht hat. Oder wie man erzogen wurde oder wovon man geprägt wurde oder was man geliebt hat. Irritierbar sein, das heißt vielleicht auch mit Rekurs auf unsere Gespräche über Sexualität und Körperlichkeiten, an sich oder in sich etwas zu entdecken, das man vorher nicht vermutet hat. Und daraus festzustellen, dass das eigene Begehren und die eigene Lust vielleicht anders sind, als man sie bisher gelebt oder angenommen hat. Oder dass die eigene Geschlechtsidentität anders ist, als man dachte, dass sie sei. Ich glaube, das ist das Leben. Dass einem Dinge widerfahren können, die das umwerfen, wer man vorher war oder was man vorher dachte oder was

154

man vorher liebte. Irritierbar bleiben kann man auch in Bezug auf die Musik. Bei Mahler beispielsweise habe ich immer das Gefühl, dass die Musik in sich mitführt, dass sie im nächsten Moment etwas anderes entdecken könnte oder dass sie auch zerbrechen könnte. Irritierbar bleiben in Bezug auf die Musik heißt auch, plötzlich etwas Neues hören zu können, in meinem Fall zum Beispiel Jazz, den ich ja relativ spät entdeckt habe. Oder dass man musikalisch oder ästhetisch berührbar bleibt und durchlässig für Erfahrungen, mit denen man nicht gerechnet hat. Wir waren gestern Abend beide gemeinsam in einer Lesung und in einem Konzert mit elektronischer Musik, das waren Klanginstallationen und Klangwelten, in die man sich erst einmal hineinhören musste. In diesem Sinne sich zu öffnen für Erfahrungen, das heißt für mich irritierbar bleiben. Grundsätzlich gefasst ist es natürlich eine anti-dogmatische Haltung.

Anti-orthodox.

Genau, anti-orthodox. Ich glaube, wenn mich irgendetwas abschreckt, dann ist es Orthodoxie, dann ist es Dogmatik. Und das ist etwas, worauf ich selber bei meinem eigenen Sprechen oder Schreiben immer achten will, dass ich nicht zu gewiss, zu scharf daherkomme. Manchmal schreibe ich Kolumnen, die in der Klangfarbe wütend sind. Und ich schicke sie dann meist mit einer Entschuldigung an die Redaktion und schreibe, es sei vielleicht ein wenig zornig geraten, weil mir das immer unheimlich ist.

Wut kann ja auch eine Folge von Irritation sein.

Das wäre die Rechtfertigung dafür, aber ich merke, dass mir das Zornige in dem Sinne, dass es keinen inneren Zweifel oder keine Ambivalenz mehr zulässt, eher Angst macht. Es ist mir selber unbehaglich, wenn ich so schreibe, auch wenn ich das ab und an tue. Die Irritierbarkeit ist etwas, das ich mir unbedingt erhalten möchte.

*Weitere Kampa Bücher stellen wir Ihnen auf den
folgenden Seiten vor. Das Gesamtprogramm finden Sie auf:
www.kampaverlag.ch*

*Wenn Sie zweimal jährlich über unsere Neuerscheinungen
informiert werden möchten, schreiben Sie uns bitte an:
newsletter@kampaverlag.ch oder
Kampa Verlag, Hegibachstr. 2, 8032 Zürich, Schweiz*

Saul Friedländer
Erzählen, erklären

Ein Gespräch mit Stéphane Bou

Geboren 1932 als Sohn jüdischer Eltern in Prag mit dem Namen Pavel, muss Friedländer mit seinen Eltern vor den Nazis fliehen. In Frankreich können sie den Sohn in einem katholischen Internat verstecken – sie selbst werden an der Schweizer Grenze festgenommen und deportiert. Pavel überlebt, seine Eltern werden vermutlich in Auschwitz ermordet. Mit dem Journalisten Stéphane Bou spricht der Pulitzer-Preisträger darüber, wie aus dem kleinen Pavel, der Priester werden wollte, Saul wurde und wie schmerzhaft es war, sich den eigenen traumatischen Kindheitserlebnissen zu stellen, dass er sich erst nach Jahrzehnten auf die Erforschung des Holocaust einlassen konnte. Und Friedländer erklärt, wie er deshalb zu einem Historiker wurde, der gar nicht anders konnte, als das »Primärgefühl der Fassungslosigkeit zu bewahren« und wissenschaftliche Geschichtsschreibung mit der persönlichen Erinnerung sowie der von Empathie getragenen Perspektive der Opfer zu verflechten. Sie reden auch über deutsche und jüdische Erinnerungskultur, über Hannah Arendt und den Eichmann-Prozess, den Historikerstreit von 1986 und über filmische und literarische Fiktionalisierungen des Historischen, die das Unerzählbare erzählen.

»Dieses Gespräch ist für jeden, der die größte Tragödie
des 20. Jahrhunderts verstehen möchte, wesentliche
Einführung und Kommentar zugleich.«
L'Express, Paris

KAMPA SALON

Susan Sontag
The Doors und Dostojewski
Das Rolling-Stone-Interview mit Jonathan Cott

Susan Sontag und Jonathan Cott treffen sich 1978 zum Interview.
Erst in Sontags Pariser Wohnung, dann in ihrem Loft in New
York. Entstanden ist ein vielseitiges Porträt, das Susan Sontag
als große und agile Denkerin zeigt, vor der kaum ein Thema sicher war – Feminismus, Faschismus, Ästhetik, Ideologie, Chuck
Berry oder Friedrich Nietzsche – und die sich keinen Deut um
die Trennung von Hoch- und Popkultur scherte. Auch in ihr
Privatleben gewährt Sontag Einblick und erzählt von ihrer Rolle
als Mutter, ihrer Ehe und ihrer Krebserkrankung, die sie zu einer
ihrer wichtigsten Publikationen, *Krankheit als Metapher,* veran-
lasste. Und selbst der Humor, eigentlich nicht Sontags Marken-
zeichen, kommt in diesem Buch nicht zu kurz.

»Dieses Buch ist ein besonders großes Glück.«
Jens-Christian Rabe / Süddeutsche Zeitung

»Sontags Drang, selbst das, was sie nicht ist,
zu verstehen, macht aus diesem Gespräch eine
überaus intelligente Unterhaltung.«
Ingrid Mylo / Badische Zeitung